SINGER

BIBLIOTECA DE COSTURA MR

Cómo Ahorrar Tiempo en la Costura

LIMUSA
GRUPO NORIEGA EDITORES
México • España • Venezuela • Argentina
Colombia • Puerto Rico

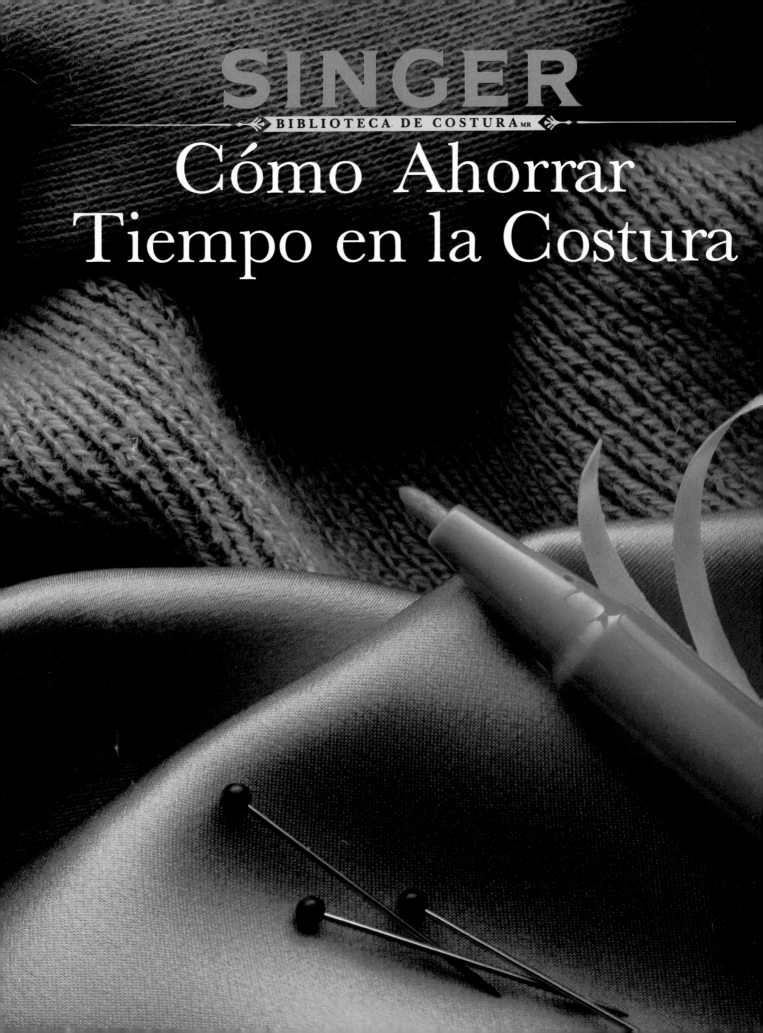

SINGER

BIBLIOTECA DE COSTURA MR

Cómo Ahorrar
Tiempo en la Costura

Contenido

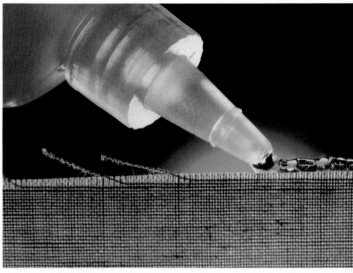

Versión autorizada en español de la obra publicada
en inglés por Cy DeCosse Incorporated con el título de
TIMESAVING SEWING
© 1988 Cy DeCosse Incorporated (English version). All rights reserved.
© 1991 Cy DeCosse Incorporated (versión española). Derechos reservados.

ISBN 0-86573-275-2 (pasta dura, versión en español para EE.UU.)

Distributed in the U.S. and Canada by Cy DeCosse Incorporated,
5900 Green Oak Drive, Minnetonka, MN 55343, U.S.A.

Publicado por:
EDITORIAL LIMUSA, S.A. de C.V.
Balderas 95, Primer piso, 06040, México, D.F.

Miembro de la Cámara Nacional de la Industria
Editorial Mexicana. Registro número 121

CY DECOSSE INCORPORATED
Director: Cy DeCosse
Presidente: James B. Maus
Vicepresidente ejecutivo: William B. Jones

TIMESAVING SEWING
Elaboración: Departamento Editorial de
Cy DeCosse Incorporated, en colaboración con el
Singer Education Department. Singer es marca
registrada de la Compañía Singer y se está usando
con su autorización.

Versión española:
HERENIA ANTILLÓN
ALMAZÁN

Revisión:
DEPARTAMENTO EDITORIAL DE
EDITORIAL LIMUSA, S.A. de C.V.

Elaboración:
OLIVA TREJO LÓPEZ

Printed on American paper by: R. R. Donnelley
& Sons (1292)

Cómo utilizar este libro

Cómo ahorrar tiempo en la costura le muestra la forma en que puede coser más en menos tiempo. Es una colección de indicaciones, instrumentos y técnicas adaptadas de los fabricantes industriales, costureras profesionales y diseñadores de modas que cosen aprovechando el tiempo al máximo. Este estilo de coser fácil y sencillo es una opción al más tradicional que ocupa más tiempo. Si disfruta la costura pero tiene dificultad para dedicarle tiempo en un horario lleno de actividades, indudablemente se beneficiará de las opciones rápidas que se ofrecen en este libro.

Actualice sus habilidades y equipo

Para coser eficazmente, quizá necesite adquirir nuevos hábitos y olvidar algunos antiguos. Este volumen se inicia con una guía de organización, de manera que obtenga un rendimiento máximo del tiempo que dedica a la costura. Por ejemplo, en lugar de comprar en forma impulsiva, conviértase en una persona selectiva de modo que los artículos que confeccione formen un guardarropa versátil. Para que cada minuto le resulte provechoso, compre siguiendo un plan, seleccione telas fáciles de coser, disciplínese para almacenar sólo los artículos más útiles y destine permanentemente un lugar para coser.

Mientras piensa qué hacer para utilizar mejor su área de costura, examine las últimas novedades en equipo de costura. Las máquinas de coser electrónicas le ofrecen ajuste automático al oprimir un botón y programas de puntadas que pueden ahorrarle mucho tiempo. Como una segunda opción en su equipo de costura, la máquina de overlock reduce aún más el tiempo de costura porque corta las orillas y cose al mismo tiempo. Su velocidad es el doble de una máquina convencional y la ayudará a que su costura sea más productiva.

Ya sea que decida o no invertir en un nueva máquina de coser, existen muchos instrumentos y artículos de mercería de bajo costo que pueden ayudarle a ahorrar tiempo. El uso de una cuchilla rotatoria puede ser el primer paso para descubrir lo rápido y fácil que la costura puede resultarle. Vea cómo otras novedades, auxiliares y diversos artículos le pueden ayudar a obtener resultados profesionales con una inversión mínima de tiempo.

Aprenda métodos rápidos para la confección

Existen numerosos modos con los que puede ahorrar tiempo al confeccionar diversas prendas, desde adaptar con facilidad el patrón hasta la costura sin alfileres. En lugar de apegarse a las instrucciones generales que vienen con los patrones, puede estructurar su propio plan específico de confección. Puede coser totalmente una prenda utilizando métodos que le ahorren tiempo o combinar los métodos tradicionales con los que le ahorran tiempo en la confección de una sola prenda, dependiendo de la tela que haya escogido y el estilo de la prenda misma. Este volumen le plantea varias elecciones para que usted pueda decidir la forma en que desea manejar cada área específica, como mangas, cuellos y dobladillos. El libro le proporciona técnicas comparables para máquina de coser convencional y de overlock, siempre que esto es posible.

Utilice todo el potencial de su máquina aprendiendo a usar los prensatelas especiales, las especificaciones de cada puntada y los accesorios. Aprenda cómo ajustar la tensión en una máquina de overlock. En cualquier máquina, es necesario dedicar tiempo para aprender cuál es su potencial y practicar las técnicas necesarias; el tiempo empleado reditúa a la larga. Terminará más pronto siempre que sustituya un método manual por uno mecánico.

Para mayor claridad, en ocasiones se utiliza hilo contrastante para que las puntadas resulten más visibles en las fotografías. Sin embargo, para la mayor parte de su propia costura usted deberá utilizar hilos que combinen.

Decore su hogar con rapidez y facilidad

La sección final le proporciona numerosas ideas para la decoración y le muestra cómo utilizar sus habilidades en la confección para embellecer su hogar. Conozca los productos como las cintas deslizables para remates y las telas fáciles de coser.

Existen métodos rápidos para confeccionar cortinas, cenefas, guirnaldas, manteles individuales, servilletas y fundas para almohadones. La mayoría no requieren mediciones, marcaciones o puntadas muy exactas, pero tienen un aspecto de hechos a la medida.

Ahorre tiempo al coser muestra, sobre todo, lo rápido y fácil de los métodos de costura que permiten obtener resultados atractivos y profesionales. Ya sea que usted cosa prendas para su propio uso o bellos accesorios fáciles para su hogar, el tiempo y esfuerzo con que realice la costura serán mínimos.

rounded,
padded shoulder

headband

ivory
jewelry

monochromatic
color
coordination

flowing
linen dye

2½ yards
45" wide
(For skirt, jacket &

1½ yards
- 45" wide

Establezca un tiempo para coser

Sin importar lo ocupada que esté, si usted disfruta la costura, encontrará tiempo para hacerla. El secreto está en la forma como maneje su tiempo y posiblemente en el cambio de unos cuantos de sus hábitos de costura. Por ejemplo: si se espera para coser hasta que tiene todo un día o noche libres, tal vez se le dificulte hacerlo en forma regular, pero le resultará mucho más fácil si programa periodos de costura más cortos de 15 ó 20 minutos.

Tal vez esta clase de límite en el tiempo le permita completar una sola etapa de costura, pero estará un paso más cerca de terminar su proyecto. Si cose únicamente un detalle o costura al día, puede terminar una falda sencilla en una semana o una blusa en menos de dos. También verá que coser frecuentemente en lugar de hacerlo en forma esporádica, le ayuda a no perder la práctica. Puede trabajar más aprisa cuando sus habilidades para la costura están en su mejor momento que cuando están en desuso.

Otra manera de hallar tiempo es haciendo que la costura tenga prioridad. Marque el tiempo destinado a la costura en su agenda como si fuese una cita. Reparta sus otras actividades y obligaciones en el tiempo que le quede libre después de coser. Escoja los momentos en que se sienta mejor. Esto puede ser al iniciarse el día, cuando se sienta rebosante de energía, o en la noche, cuando puede descansar sin interrupciones. Coserá con mayor eficacia y cometerá menos errores durante sus mejores momentos del día.

Cosa por etapas

Ya sea que pase poco o mucho tiempo cosiendo, le resultará más fácil manejar su tiempo si divide su proyecto de costura en tres etapas generales: la creativa, la de preparación y la de confección. Durante la etapa creativa, busque ideas, compre la tela y los patrones, y adquiera todos los accesorios. La preparación incluye preencoger la tela, hacer ajustes al patrón, acomodar las piezas, cortar y marcar. A la etapa de confección pertenecen la costura, el planchado y el ajuste.

Estas tres etapas se llevan a cabo en lugares diferentes. La preparación se puede hacer en cualquier lugar de la casa que sea adecuado. La confección debe hacerse en el sitio donde se hallen su equipo de costura y planchado. A fin de eliminar pasos innecesarios entre estos lugares, termine cada etapa antes de proceder a la siguiente. Si usted tiene varios proyectos, hágalos

Cómo tener tiempo para coser

Programe el tiempo de costura como lo haría para cualquier otra cita. Para avanzar necesita solamente 15 minutos. Es mejor coser por poco tiempo pero frecuentemente, que sentarse de vez en cuando por horas. La práctica regular mantiene y mejora su habilidad, de modo que puede coser más aprisa y con menos errores.

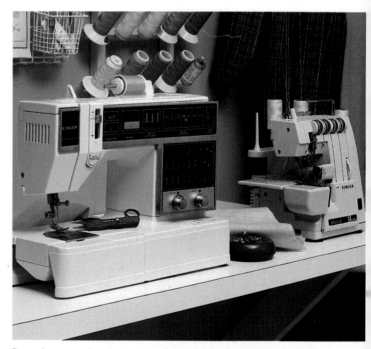

Organice su equipo de costura para que permanentemente esté listo para usarlo. Si cada vez que utiliza sus accesorios tiene que sacarlos y guardarlos, pierde un tiempo y energía valiosos. Aunque su espacio sea limitado, puede crear un área de trabajo acogedora que le ayude a aprovechar su tiempo.

simultáneamente. Realice las fases creativa y preparatoria de todos los proyectos como si fueran uno solo. Aprovechará al máximo el tiempo dedicado a las compras y sólo tendrá que limpiar una vez después de acomodar los patrones y cortar.

Siga de cerca las tres etapas de confección haciendo una lista. Escriba lo que debe hacer para que cada proyecto pase a la etapa siguiente. Tache cada partida de su lista conforme la complete. De esta manera tendrá un registro de su progreso, así como un recordatorio de lo que sigue. Después de utilizar listas para varios proyectos, habrá adquirido un sistema de trabajo eficiente y, en el futuro, podrá hacer sus listas mentalmente.

Indicaciones para organizar su tiempo

Lleve consigo las hojas de instrucciones de los patrones cuando viaje o tenga que esperar. Aproveche el tiempo estudiando los diagramas de acomodo de los patrones y las demás indicaciones. Tome nota de las técnicas para ahorrar tiempo o de los accesorios que piense utilizar.

Compre todo lo que necesite para su trabajo antes de comenzar. Si algo importante se le acaba a la mitad del proyecto, perderá tiempo y fuerza creativa con el viaje de compras no previsto.

Preencoja la tela y otros artículos en el momento en que regrese a su casa después de comprarlos. Etiquételos para que recuerde que ya están listos para cortarlos.

Cosa primero la tela más nueva con el patrón más novedoso. Le inspiran más y le darán una actitud positiva.

Fíjese fechas límites alcanzables. Si cuenta con poco tiempo, sólo intente terminar una o dos etapas de costura.

Tenga proyectos simultáneos. Compre lo necesario para varias prendas en un solo viaje de compras. Acomode las telas y los patrones, córtelas y márquelas en una sola ocasión. Agrupe las cosas que requieren hilo del mismo color, de modo que pueda coser sin interrupciones para embobinar otro carrete.

Delegue la costura difícil a una costurera.

Trate de formar una línea de producción con otras personas o cosa en grupo cuando tenga que hacer muchos artículos de una misma clase, como para regalos de fin de año o bazares.

Planifique sus proyectos de costura dividiendo el trabajo en tres etapas. La primera incluye todas las decisiones creativas y las compras. La segunda etapa se refiere a la preparación, como preencogido, ajustes a los patrones, corte, acomodo y marcación. La etapa final es la confección, costura y planchado. Termine completamente una etapa antes de pasar a la siguiente.

Liste lo que tiene que hacer para los proyectos de costura. Después marque cada renglón al terminar esa tarea. Así tendrá una idea clara de su progreso, que la alentará y no perderá tiempo si olvida algo.

Organice un área de costura

Encuentre un espacio para un área de costura permanente, donde pueda coser conveniente y eficientemente. No es indispensable que dedique una habitación completa a la costura. Puede hacer arreglos convenientes y prácticos en una esquina, un hueco, un armario o un cuarto para varios usos. De hecho, resulta más fácil organizar un espacio pequeño que uno grande. Un área compacta también le permite tener todo al alcance de la mano.

Resulta ideal concentrar el equipo de corte, costura y planchado en un lugar en forma de U. Si no hay suficiente lugar para todo, ubique el área de corte en otro lado. Conceda prioridad a que el equipo para coser y planchar quede uno al lado del otro. Baje el burro o tabla de planchar a una altura que lo pueda utilizar mientras permanece sentada. De esta manera podrá alternar la labor de costura y el planchado sin dar un solo paso.

Los sistemas de almacenamiento modular, como los que se diseñan para armarios u oficinas, se pueden adaptar perfectamente a las áreas de costura, acomodándolos para que se ajusten al espacio disponible. Las unidades abiertas o transparentes le permiten ver todo lo que guardó en ellas y facilitan el acceso a lo que necesite. Cuando no utilice el área de costura ocúltela tras puertas cerradas, persianas enrollables o un biombo plegadizo. Evite los arreglos que hacen necesario que mueva su equipo al terminar el trabajo del día.

Cómo organizar un área de costura

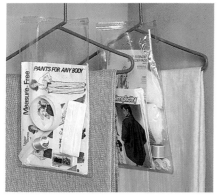

Cuelgue la tela bien doblada en un colgador de ropa. Ponga el hilo, el patrón, otros artículos de mercería y lo demás que sea necesario para su proyecto dentro de una bolsa de plástico. Perfore un agujero en la parte superior y cuelgue la bolsa con la tela. Después de cortar la tela guarde las piezas en la bolsa.

Para ahorrar espacio, prenda varias telas en ganchos múltiples para faldas o pantalones, y tendrá mucho en poco espacio. Doble las telas tejidas y las de trama suelta; acomódelas en entrepaños o en cajones para evitar que se deformen al estirarse.

Compre por duplicado las herramientas básicas, como plumones para marcar, tijeras, alfileres magnéticos y cinta de medir. Coloque cada juego en una charola de plástico. Conserve un juego cerca del área de corte y el otro cerca de su centro de costura y planchado.

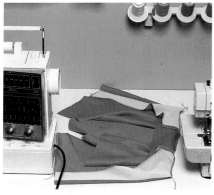

Ponga su máquina de costura convencional y la de overlock una junto a otra. Deje espacio suficiente entre una y otra para colocar las piezas de la prenda.

Ajuste a su altura una silla de oficina con ruedas para que le ofrezca buen apoyo a su espalda. Deslícese entre las áreas de costura y planchado conforme trabaja. Baje la altura del burro de planchar par que pueda planchar sentada.

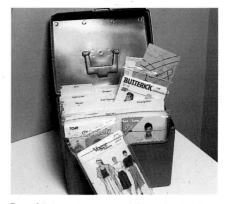

Guarde sus patrones en sobres de plástico y organícelos en archiveros portátiles. Divida su archivo en categorías de modas para guardarlos y encontrarlos con rapidez. Ocasionalmente descarte patrones para que el sistema conserve su eficacia.

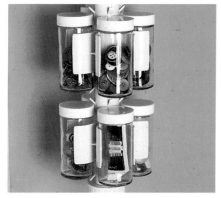

Agrupe los artículos de mercería de la misma clase, como botones, cintas y cierres; guárdelos en cajas o frascos transparentes o en cajas de herramientas con cajones de plástico transparente; ésto le permitirá localizar lo que necesite de una sola mirada

Enrolle las entretelas fusionables en tubos de cartón a fin de evitar que se arruguen. Guarde la hoja de instrucciones del fabricante en el interior de los tubos para identificarlas con facilidad y tenerlas a mano.

Instale en la pared unidades de almacenamiento para aprovechar mejor el espacio disponible. Cuelgue las herramientas de ganchos. Organice los hilos en redes de madera especiales, las cuales puede conseguir para los conos de la máquina overlock y los carretes de uso general.

Organice un guardarropa para varias estaciones

Si su tiempo es limitado, probablamente no pueda confeccionar todas las prendas que desee o necesite. Decida cuáles va a coser haciendo un plan cuidadoso. Las prendas que le redítúan más en cuanto al tiempo que pase cosiéndolas, serán aquéllas más adecuadas a su estilo de vida, nivel de habilidad y presupuesto. También deberán armonizar con su guardarropa actual, estar a la moda y, para que las use al máximo, estar confeccionadas de telas y colores adecuadas a cualquier temporada.

Analice su guardarropa

Estudie su ropa y evalúela tomando en cuenta el estilo actual, que el ajuste sea cómodo y el tiempo de duración. Si alguna prenda resulta anticuada, tal vez adquiera otro aspecto con accesorios nuevos. Si el ajuste es el problema, vea si algunas modificaciones como hombreras, ajustar las piernas de los pantalones o cambiar el largo, resuelven el problema. Descarte las prendas que hace mucho tiempo no usa, las que necesitan cambios importantes y todas las que ya no tengan compostura.

Considere también si su guardarropa es adecuado a sus actividades profesionales, domésticas, de descanso y de las ocasiones especiales. Identifique las deficiencias, en especial conforme su estilo de vida se modifica. Organícese para ocupar la mayor parte del tiempo que cosa en la confección de la ropa que usará con más frecuencia. Existen múltiples estilos cuya versatilidad le

permite utilizarlos en varias ocasiones, como un vestido sencillo o una chaqueta estilo sastre que puede lucir más o menos formal. Haga una lista de los artículos necesarios para completar y equilibrar su guardarropa.

Analice las tendencias de la moda actuales

Visite las tiendas de departamentos y vea las revistas de modas antes de que se inicie el periodo de costura otoño e invierno y el de primavera y verano. Aproveche lo que vea para que le ayude a decidir el estilo de las prendas que agregará a su guardarropa. Tome notas y colecciones recortes para registrar sus ideas.

Perderá tiempo si cose algo que pase de moda pronto. Busque los cambios de moda en la proporción, el ajuste y la línea. Observe el nuevo tamaño y forma de detalles como bolsillos, collares y solapas. Determine los accesorios clave y los pequeños toques. Tome nota de los colores principales, las combinaciones de colores y las telas. Imite y adapte las tendencias que dicte la moda. Esto le hará sentirse y verse a la moda.

Seleccione telas y colores adecuadas a cualquier estación del año

Muchas telas se pueden usar prácticamente todo el año. Complete su guardarropa cosiendo prendas versátiles en telas para

cualquier estación. Estas telas incluyen tejidos de punto, mezclillas, crepé de lana y gabardina; seda o tweed de lana, seda pesada, ante sintético, telas de cuadritos y de cambray para camisas; crepé de china, faya, organdíes y tejidos de lino. Para que pueda usar su prenda más tiempo, evite las telas demasiado pesadas y las muy ligeras, que se identifican con una sola temporada breve. Las telas de peso mediano o ligero resultan más adecuadas para utilizarlas todo el año.

Además del tipo de tela y el peso de la misma, tenga en cuenta el color. Seleccione las telas ligeras para primavera y verano en tonos de medio a oscuro y las telas más pesadas para otoño e invierno, en tonalidades que vayan de mediana a clara, para que puedan pasar de una estación a la siguiente. Por ejemplo, el lino café es adecuado para los meses cálidos pero con un cambio de accesorios resulta muy adecuado en otoño por su tonalidad neutra. La gabardina de lana color turquesa puede usarse a principios de la primavera y en el verano en los climas templados, pero es bastante caliente para el invierno.

Coleccione telas clásicas

Cualquier persona que se dedique a coser siempre tiene varias telas guardadas porque es natural que compre más de lo que puede confeccionar en una sola temporada. Si su reserva cuenta con telas que no pasan de moda, le ayudará a ahorrar tiempo. Cuando desee añadir nuevas prendas a su guardarropa, seleccione los materiales que necesita de su colección personal y elimine un viaje a las tiendas.

En términos generales, las telas de un solo color no pasan tanto de moda como las muy decoradas. Los colores neutrales duran más que los colores poco comunes, a menos que esos colores muy de moda sean sus favoritos y año tras año constituyan la base de su guardarropa. Los estampados de moda no se pueden usar mucho tiempo, ya que pueden verse anticuados después de una o dos temporadas; sin embargo, los diseños de puntos y los fulares se consideran clásicos. Las rayas tejidas o estampadas y las telas de cuadros también resisten el paso del tiempo dentro de su colección de telas.

Organice esta reserva haciéndola fácilmente accesible. Preencoja las telas inmediatamente después de comprarlas y etiquete cada corte según corresponda. En la etiqueta anote también el contenido de fibra, el ancho y el largo. Corte una muestra y consérvela en un cuaderno tamaño agenda para que no duplique sus compras y la ayude a coordinar elecciones futuras. Guarde las telas en ganchos para ropa o en los entrepaños, agrupadas por estación, color y tipo de tela. Proteja su inversión en lana utilizando repelentes para polillas adecuados.

Piense qué comprar y qué coser

Si tiene poco tiempo, seleccione sólo algunas prendas para su guardarropa y compre el resto. Un modo de decidir qué coser y qué comprar depende del grado de dificultad. Ahorra tiempo si compra prendas para su guardarropa que requieran costura complicada o excesiva, o confeccionadas en telas difíciles de manejar. Concéntrese en confeccionar prendas sencillas.

Por lo general, las chaquetas tipo cárdigan, las que no tienen forro, los sacos y blusas sencillos, así como los pantalones y faldas poco complicados, puesto que se confeccionan rápidamente, valen el tiempo que dedique a coserlos. Las prendas forradas, los sacos y chaquetas con detalles de sastre, así como los vestidos ajustados exigen en proporción más tiempo de costura. Usted podría confeccionar varias prendas sencillas en el tiempo que le llevaría hacer una más complicada.

Tal vez encuentre que las prendas que requieren más tiempo de costura, resultan también las más costosas. Si el presupuesto es importante en su decisión, establezca prioridades haciendo un balance entre el dinero y el tiempo disponible.

Tenga en cuenta también sus preferencias personales al decidir comprar o coser algo. Si le gusta confeccionar sacos, pero no blusas, acate sus preferencias. Acabará rápidamente su saco si lo disfruta, aunque tenga que coser más. Si tiene dificultades para el ajuste, tal vez resulte más conveniente confeccionar una que ir de compras a varias tiendas o tener que hacer grandes modificaciones a su prenda.

El patrón y la tela que tenga a mano también influyen en su elección. Revise los patrones que ya ha utilizado para ver si resultan adecuados para sus necesidades actuales. Si repite el mismo modelo, ahorra tiempo porque ya está familiarizada con las técnicas de confección y ya ha hecho las adaptaciones necesarias para un buen ajuste. Si entre sus reservas tiene la tela adecuada para el patrón, ya está lista para iniciar la costura.

Compre eficazmente

Antes de ir de compras, concéntrese en lo que desea lograr. Teniendo presente el plan para su guardarropa, prepare una lista escrita de los artículos que desea comprar y los que va a confeccionar. Lleve un cuaderno de muestras que incluya las de las telas que tiene guardadas, para que combinen con sus nuevas compras. Incluya también muestras de tela de las prendas que ya tiene. Por lo general puede recortar un trocito de las vistas o de las pestañas en las costuras.

Compre primero las prendas ya confeccionadas y seleccione posteriormente los materiales para que lo que confeccione combine bien. Tiene más flexibilidad en color, estilo y tela cuando cose que cuando compra. Es más fácil organizar un conjunto alrededor de una prenda comprada que coser primero y buscar después algo adecuado.

Si no tiene tiempo para buscar todo lo que necesita en una sola salida, limite sus adquisiciones a los artículos que completen un conjunto o un grupo de piezas sueltas que combinen. Las prendas aisladas que no se usan hasta que encuentra los accesorios le hacen perder tiempo y dinero. Si después de varios viajes no encuentra lo que pensaba, busque otros proveedores de telas que tengan lo que usted necesita.

Opciones para comprar telas

Además de comprar en las tiendas de su localidad, puede comprar telas por correo o con los representantes que venden a domicilio. Las direcciones de estos servicios se encuentran en las revistas de confección de modas.

Los servicios por correo y de venta a domicilio resultan convenientes, le ahorran tiempo en la compra de sus artículos de costura. Le presentan una amplia gama de telas. Muchas ofrecen también patrones, forros, entretelas, cierres, hilo y otros accesorios de costura. Estas fuentes alternativas para la adquisición de telas pueden ser una manera eficaz de completar el plan de su guardarropa, pero tienen sus inconvenientes. Tal vez resulte difícil escoger una tela sólo viendo una muestra. Resulta especialmente difícil determinar la caída de la tela y su tacto, así como evaluar el verdadero aspecto de los estampados grandes si sólo tiene una muestra pequeña. Aunque la mayoría de estos servicios tienen precios competitivos, debe pagar el costo del envío. También tiene que esperar varios días hasta que lleguen las telas.

Indicaciones para comprar telas por correo

Compre siguiendo el plan que tenga para su guardarropa y sólo para patrones específicos. Ordene lo que necesita, no lo que su impulso le dicte.

Compre por teléfono si es posible. Muchas compañías tienen números de larga distancia a su disposición, sin cargo, a los que contesta personal especializado que se asegurará de obtener toda la información necesaria para enviarle su pedido rápidamente. Algunas veces hasta pueden indicarle la disponibilidad de determinado material.

Haga su pedido lo más pronto posible, en cuanto reciba su muestrario. Sólo tienen cantidades limitadas y las telas más populares se acaban pronto. Mientras más pronto las ordene, será más probable que reciba lo que pidió.

Aproveche los servicios de envío de forros al color, hilos y otros accesorios coordinados. Ahorre tiempo pidiendo todo lo que necesite de una sola vez.

Cerciórese de la política de la compañía en cuanto a devoluciones. La mayoría las aceptan si el cliente no está satisfecho, aunque algunas hacen cargos por manejo o consideran toda venta como algo definitivo.

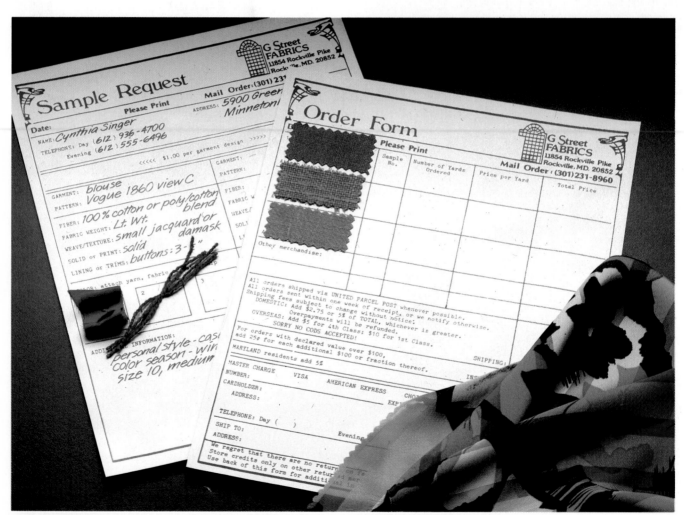

Los servicios de compra por correo se ofrecen al público a través de las principales tiendas de menudeo. Se ofrecen muestras de telas de la estación de la existencia actual mediante un pago único. Algunas tiendas grandes y expendios de telas venden también tarjetas de muestras de telas clásicas para toda temporada, como el ante

sintético, crepé de lana y lino, que se pueden adquirir todo el año. Además, algunas tiendas ofrecen un servicio de muestras; puede hacer solicitudes específicas y ellos le envían muestras adecuadas a sus necesidades.

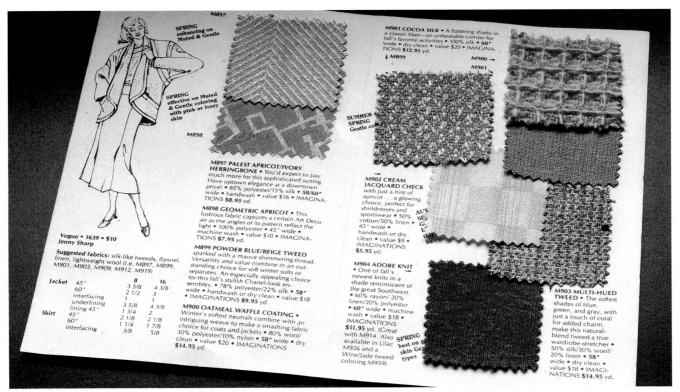

Los clubes de telas le ofrecen suscripciones a un servicio de muestras. Recibirá folletos cuatro o mas veces por año, con muestras de las telas que tengan en existencia Por lo general, esta forma de presentación coordina grupos de telas y sugerencias para los patrones a fin de ayudarle a planear sus compras de telas.

La venta de telas a domicilio es una variante de la venta por correo. Una representante de ventas tiene una exhibición de muestras en su casa y le ayuda a hacer su pedido. Las muestras están colocadas en tarjetas e incluyen información sobre el contenido de la fibra, el tamaño del motivo impreso y el ancho. La mayoría de los representantes de ventas son costureras experimentadas que pueden darle consejos y ayuda.

Seleccione patrones que le ahorren tiempo

Todas las marcas de patrones cuentan con estilos diseñados para coserse rápidamente. Se marcan con una etiqueta o título especial tanto en el sobre como en la página del catálogo. En algunos catálogos, los estilos que ahorran tiempo se agrupan en una sección especial, lo cual facilita el encontrarlos con rapidez.

Los patrones que ahorran tiempo tienen relación con la habilidad, con el tiempo que requieren, o ambos. Los relacionados con la habilidad de la persona, se identifican como "para principiantes" o tienen una palabra como "fácil" ("easy") en el título. En la hoja de instrucciones sólo se emplean las técnicas de costura básicas. Es obvio que no tiene que ser principiante para utilizar estos patrones. Si ya tiene algo de experiencia en la costura, puede estar segura de que no le llevará mucho tiempo hacer la prenda.

Los patrones relacionados con el tiempo que se requiere para hacerlos, tienen términos como "rápido" ("fast"), "3 horas" ("3-hour") o "en un santiamén" ("jiffy") en la etiqueta. Cada compañía tiene sus propias normas de lo que califica un patrón para determinada categoría, pero por lo general éstos tienen pocas piezas. También tienen pocos detalles y se suprimen las estructuras complicadas o difíciles. Se sugieren telas de fácil manejo y se abrevian pasos con entretela fusionable y aparecen métodos de costura plana en las instrucciones de costura.

Los patrones para máquina overlock, también ahorran tiempo. Se hacen especialmente para la costura en estas máquinas. Los que publican las principales compañías, también pueden confeccionarse en una máquina convencional, de modo que se incluyen ambos métodos. Las compañías especializadas diseñan más cartones para costura con overlock y ofrecen patrones que pueden coserse completamente en estas máquinas.

Si no encuentra un patrón que le ahorre tiempo en el estilo que busca, no deje de ver otros patrones del catálogo. Muchos no se incluyen en la categoría de los que ahorran tiempo por un simple detalle como el estilo de un cuello o una pieza de más. Sin embargo, el patrón aún puede requerir poco tiempo. Para no tardarse demasiado, también puede modificar algún detalle de la confección a su gusto. Plantéese la más amplia selección posible considerando toda la gama de patrones disponibles y evaluando el factor tiempo antes de comprar, si es que éste es importante.

Guía para seleccionar patrones que ahorran tiempo

	Ahorra tiempo	Promedio	Ocupa mucho tiempo
Ajuste	Muy suelto, suelto	Semiajustado	Ajustado, entallado
Escote	Terminado con ribete	Con vistas	Lazo con forma, forrado
Cuello	Convertible	Volteado, parado, plano	Con muescas, camisero enrollado
Manga	De capa, kimono, dolman	Raglán, camisera, de hombros caídos	Montada
Acabado de la manga	Dobladillo, con botones	Con puño	Puño de camisa, aletilla forrada
Línea de la cintura	Con jareta y elástico	Pretina con cierre oculto en el bolsillo	Pretina con cierre, cierre con botones
Bolsas	En la costura, de parche	Inclinado en un costado	De hojal, con cartera
Dobladillo	Recto o línea A; fusionado o cosido a máquina	Con vuelo ligero; con sobrepespunte con aguja doble	Circular, fruncido o plegado; cosido a mano
Manera de cerrar	De meter por la cabeza	Cierre, con cinta de ganchos y presillas	Botones con ojales
Detalles	Con sobrepespunte, pespunte en la orilla, sobrepespunte con dos agujas	Pinzas, frunces, forros, lazos, tablas sin planchar	Inserciones con forma, alforzas planchadas, presillas, carteras, aberturas estilo sastre, ribetes o con otras inserciones en las costuras.

Indicaciones para seleccionar patrones que ahorren tiempo

Vea cuántas piezas tiene el patrón. Mientras más tenga, le tomará más tiempo acomodarlo, cortar y coser.

Evalúe el ajuste. Mientras más entallado sea el estilo, necesitará más tiempo para ajustar el patrón y hacer las modificaciones de los detalles, especialmente si su figura difiere de las tallas de los patrones normales.

Analice los detalles. Las bolsas de parche resultan más sencillas de coser que los bolsillos de ojal. Las alforzas planchadas le tomarán más tiempo que las que no se planchan. Los estilos de prendas que se meten por la cabeza o los envolventes que no necesitan alguna forma de cierre, le ahorran tiempo.

Observe la forma como se confecciona la prenda. Las inserciones con forma y las áreas desvanecidas llevan más tiempo que las costuras sencillas. Los tirantes o cinturones que se deben coser para luego voltearlos al derecho le pueden tomar toda una sesión de costura. Considere un tiempo extra para las costuras u orillas que necesitan puntadas de refuerzo o recortarlas.

Decida si puede simplificar el patrón para ahorrar tiempo. Si le es posible hacer algo en forma más rápida sin sacrificar ni el estilo ni la calidad, podrá elegir entre más patrones.

Piense si podrá utilizar el patrón en el futuro. Muchos patrones tienen diferentes vistas con una variedad de detalles, como cuello y mangas, de modo que podrá repetir el patrón y obtener diferentes aspectos. Cuando usa un patrón que le es conocido, ahorra tiempo al entallarlo y al hacer la costura.

Seleccione telas que le ahorren tiempo

Es muy posible que varias telas sean adecuadas para el patrón que elija. Seleccione aquellas cuyo manejo sea fácil y ahorrará tiempo. Evite las telas que requieren demasiada preparación, acomodo complicado, manejo especial o etapas adicionales para la confección y el acabado. Esto no significa que se debe limitar a telas aburridas y sin chiste. Le lleva el mismo tiempo coser una tela bonita que una común, y muchas telas con estampados atractivos o bonita textura, cumplen con los requisitos de ahorrarle tiempo. De hecho, mientras más atractiva sea la tela que usted escoja, el patrón deberá ser más sencillo.

Cuando compre telas, tenga presente si son adecuadas para las técnicas de la confección rápida. Por ejemplo, las entretelas fusionables no se pueden utilizar en telas sensibles al calor o que se manchan con la humedad. Una tela gruesa o pesada no se presta para ponerle bolsillos de ojal o vistas. Por otro lado, no rechace las telas que se deshilachan para no tener que ribetear las orillas; la técnica de utilizar cinta de bies de tul, le ahorra tiempo y proporciona un acabado en las orillas atractivo y fácil de hacer.

Guía para seleccionar telas que ahorran tiempo

	Tela	Textura especial	Clase de entretela	Acabado necesario en las orillas	Facilidad de planchado	Otros aspectos
Ahorran tiempo	Paño de algodón		Fusionable o cosido	Por lo general	Fácil	
	Tejido de punto doble	Color uniforme en una dirección	Fusionable o cosido	Casi nunca	Promedio	
	Encaje	Transparente, puede tener diseños en una dirección	No es necesario	Casi nunca	Fácil	Los orillos se pueden utilizar como orilla preacabada
	Tela de cuadritos o cambray para camisas		Fusionable o cosido	Por lo general	Fácil	
	Popelina		Fusionable o cosido	Por lo general	Fácil	
	Seda de fibra corta	Color uniforme en una dirección	Fusionable o cosido	Por lo general	Fácil	
	Tejidos para suéter	Gruesos	No se requiere	Rara vez	Fácil	
Moderada	Organdí	Resbaloso	Fusionable o cosido	Siempre	Fácil	
	Tira bordada	Bordado abierto, puede tener dibujo en una sola dirección	Cosida o no se usa	Por lo general	Fácil	Los orillos se pueden utilizar como orilla preacabada
	Franela	Con pelillo	Fusionable o cosida	Por lo general	Promedio	
	Gabardina	Color uniforme en una dirección	Fusionable o se cose	Por lo general	Difícil	
	Lino		Fusionable o se cose	Siempre	Fácil	
	Piqué		Se cose	Por lo general	Promedio	
	Tejido de punto	Resbaloso	No se requiere	No se requiere	Fácil	Las orillas cortadas tienden a enroscarse
	Tweed		Fusionable o se cose	Por lo general	Fácil	Se forra para comodidad y estabilidad
	Terciopelo de algodón	Con pelillo	Fusionable o se cose	Por lo general	Promedio	
Requieren mucho tiempo	Acetato, tafeta, satín	Resbalosa	Se cose	Siempre	Difícil	Se mancha con agua; no se embebe bien
	Brocado, telas metálicas o con lentejuelas	Color uniforme en una dirección	Se cose	Siempre	Difícil	Se forra o se pone entretela; pruebe las telas metálicas antes de plancharlas; no planche las telas con lentejuelas
	Seda delgada (charmeuse)	Resbalosa; color uniforme en una dirección	Cosido o con las piezas forradas	Siempre	Difícil	Cada etapa de costura requiere sumo cuidado
	Pana	Con pelillo, algunas son gruesas	Fusionable o cosido	Siempre	Promedio	Las panas ligeras son más fáciles de manejar
	Crepé de China	Resbalosa	Fusionable o cosido	Siempre	Promedio	
	Mezclilla	Color uniforme en una dirección; algunas son gruesas	Fusionable o se cose	Siempre	Promedio	
	Piel sintética	Gruesa, con pelillo	No se requiere	Casi nunca	No se requiere	Corte una sola capa; el pelillo se debe separar a mano al hacer las costuras
	Shantung	Color uniforme en una dirección, resbalosa	Fusionable o se cose	Siempre	Promedio	
	Ante sintético	Con pelillo	Fusionable o se cose	No se requiere	Promedio; requiere manejo especial	Requiere métodos especiales de confección
	Faya	Resbalosa	Fusionable o se cose	Siempre	Promedio	
	Terciopelo	Resbaloso, con pelillo	Se cose	Siempre	Difícil	

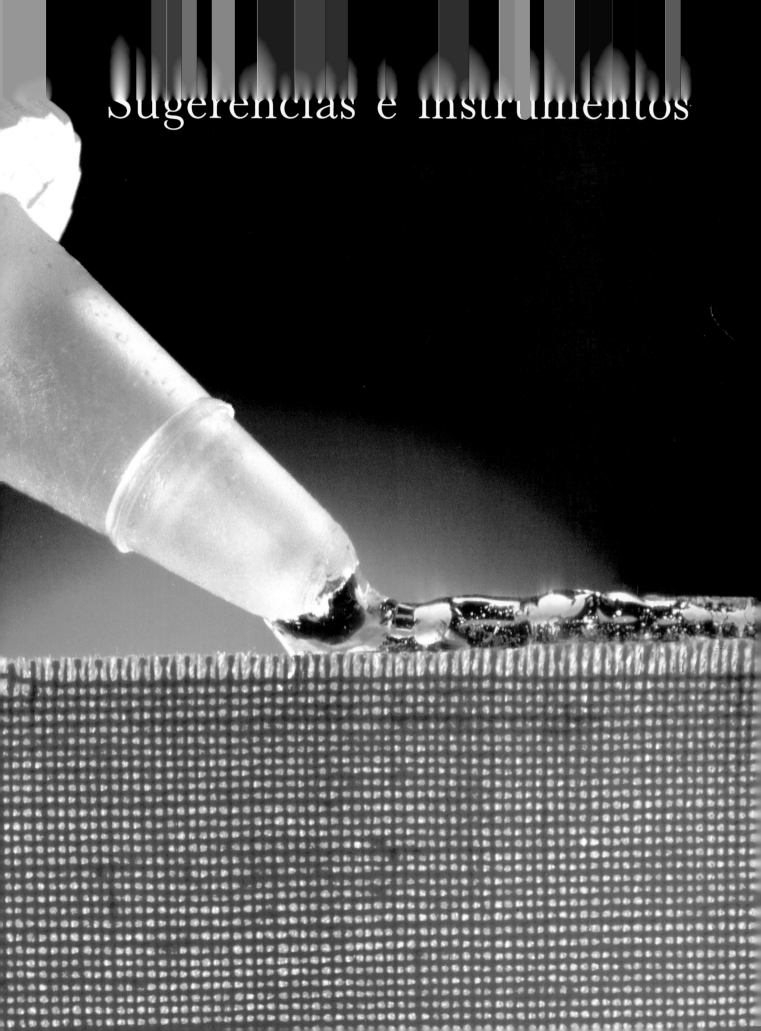

Reserva de artículos de mercería y equipo

Continuamente se crean equipo y artículos de mercería nuevos para facilitar la costura. Visite periódicamente los exhibidores de las tiendas para que esté al tanto de las novedades. Con frecuencia encontrará artículos útiles que le ayuden a coser con mayor eficacia.

Siempre tenga en casa los artículos que utiliza con frecuencia, así como los básicos. Así tendrá una lista de compras más corta en cada proyecto de confección y no se verá obligada a interrumpir la costura porque se acaba repentinamente algo que necesita. Esté pendiente de las ventas especiales para que pueda comprar lo que necesita a precios bajos.

Almacene siguiendo un plan. Además de los colores básicos como negro, blanco azul marino y beige, la mayor parte de personas tiene colores favoritos que escogen repetidamente para su guardarropa. Si hay colores que escoge con frecuencia, guarde hilos, cierres, cintas, botones y forros que vayan con ellos. Lleve un registro de lo que tiene y surta de nuevo antes de que se acaben. Para la máquina de overlock, tenga a mano conos de hilo en los colores básicos.

Las entretelas fusionables se utilizan frecuentemente para ahorrar tiempo al coser. Compre trozos largos y no tramos cortos de entretela fusionable para cada proyecto, en diferentes pesos y clases. No puede anticipar cómo se va a comportar una entretela fusionable con cierta tela, a menos que haga una prueba antes de cortar. Si tiene una reserva bastante amplia, podrá seleccionar lo mejor para su proyecto.

Al ir coleccionando los artículos básicos, también almacene partes de repuesto, como cuchillas para la máquina de overlock y agujas para máquina. Si tiene una cuchilla o aguja nueva a mano, puede reemplazarla sin interrumpir el progreso de la costura.

Equipo y artículos de mercería de reserva

Artículos de mercería	Telas	Partes de repuesto	Accesorios que ahorran tiempo

Los botones negros, blancos, marfil y azul marino se usan en muchas prendas. Los botones con agujeros se pueden coser a máquina. Al comprar botones decorativos, compre uno más, a fin de que si se pierde uno, no tenga que comprar todo el juego.

La cinta de resorte se usa frecuentemente en las jaretas. Tenga una reserva en los anchos que más se usan: 6, 10, 13 y 24 mm (1/4", 3/8", 1/2" y 1").

La cinta de ganchos y presillas de mayor resistencia se puede emplear en lugar de ojales y botones. Tenga también juegos de broches de gancho y presilla de reserva.

Las tiras precortadas de entretela fusionable se utilizan mucho para sostener vistas, fusionar dobladillos y colocar adornos, bolsillos o ribetes.

Los ribetes de tul precortados se usan mucho para el acabado de orillas y jaretas. Se dobla con facilidad sobre la orilla de la tela, de modo que se puede coser sin prenderla ni hilvanarla. Tenga siempre a mano esta cinta en negro, blanco y beige para que el acabado resulte prácticamente invisible en muchos colores de telas.

Las hombreras permiten hacer ajustes rápidos y dar forma a la prenda. Tenga siempre hombreras de diferentes formas y espesores.

Los hilos de los colores más usados son materiales de reserva indispensables. Ponga en conos y carretes los colores iguales. Los hilos de poliéster y algodón o poliéster 100% sirven para casi todas las labores. Evite tener demasiado hilo; como todos los textiles, se deteriora con el tiempo.

Los cierres de 23 cm (9") de largo en los colores básicos, sirven para la mayoría de las faldas y pantalones. Acórtelos si es necesario.

La entretela fusionable con base de papel o la que se aplica con una hoja de material especial, resulta muy conveniente para dobladillar, aplicaciones a máquina y muchos proyectos de decoración en el hogar. Compre trozos de por lo menos 5 m (5 yardas) para que tenga material suficiente para aplicaciones grandes o pequeñas.

Las entretelas se deben comprar en largos de 5 metros (5 yd) cuando menos para usarlos en varias prendas. Junte diferentes clases y colores, incluyendo el material fusionable precortado para puños, pretinas y dobladillos.

Los forros se pueden comprar en las mesas de retazos en largos de 1.5 a 2 m (1 1/2 a 2 yardas), suficientes para forrar la mayor parte de sacos y faldas. Seleccione telas de poliéster sedosas y otras telas con peso adecuado para blusa o vestido, que son mejores que los forros de acetato. Aparte trozos de tamaño suficiente para forrar los bolsillos. El forro no tiene que ser del mismo color que la tela de su prenda, de manera que es conveniente almacenar telas negras, blancas y beige o de otros colores básicos.

Las entretelas en negro, blanco y beige son adecuadas para la mayoría de las telas. La decisión de colocar una entretela puede surgir durante la etapa de preparación y no durante la etapa creativa, por lo cual es conveniente tener de dónde escoger.

Las navajas para el cortador giratorio pierden el filo o se mellan con el uso. Tenga siempre un paquete de navajas de repuesto.

Las bobinas se pueden comprar por docena de modo que siempre tenga suficientes. Téngalas devanadas de antemano para las labores grandes. Guarde las bobinas llenas con los carretes del mismo color, de modo que estén listas para coser.

Las cuchillas para la máquina de overlock pierden el filo o se dañan. Consulte el manual para determinar si es la cuchilla superior o la inferior la que necesita cambiarse con más frecuencia y siempre tenga una.

El foco de la máquina de coser dura mucho tiempo, pero inevitablemente se funde en un momento inoportuno. Compre un repuesto para cuando lo necesite.

Las agujas de la máquina de coser sirven para casi todas las labores en tres tamaños: diámetro 75 (11) para telas ligeras; diámetro 90 (14) para telas de peso medio y diámetro 100 (16) para las telas gruesas. Tenga a mano una reserva de agujas convencionales y para su máquina overlock.

La cinta para hilvanar le ayuda a poner en su lugar costuras, cierres, dobladillos o adornos sin necesidad de prender o hilvanar. La cinta soluble para hilvanar no requiere un paso extra para quitarla de las prendas lavables.

La barra de pegamento es un buen sustituto para no hilvanar o prender los cierres, costuras o adornos mientras los cose.

El líquido para evitar que se deshilachen las telas sella y refuerza la tela cortada y fija las costuras.

El alfiletero magnético le ayuda a que no se esparzan los alfileres de acero y se le adhieren las tijeras, el descosedor y el dedal. Utilícelo también para levantar los alfileres del suelo y limpiar el área de costura.

El marcador con tinta soluble en agua o evaporable permite hacer marcajes temporales que no necesitan de otro paso para quitarlas.

El aire comprimido limpia rápidamente la pelusa y otros materiales de la máquina de overlock.

La cuchilla rotatoria es una herramienta de corte para el hogar, adaptada de la industria, que corta más aprisa que las tijeras tradicionales. Proteja la superficie de corte colocando un plástico especial debajo del patrón y la tela.

El descosedor tiene un diente con filo que se desliza bajo las costuras; su orilla afilada corta los hilos rápidamente.

Las tijeras cortahilo tienen hojas con resorte que permiten movimientos rápidos y que cortan en cualquier posición.

Las pesas detienen las piezas del patrón en su lugar durante el acomodo y el corte. Son más eficaces que los alfileres, especialmente en piezas largas no complicadas.

Cómo seleccionar y utilizar el hilo

Aunque el hilo parece un artículo de costura insignificante, no lo es. Evite comprar hilos baratos y pague un poco más por las marcas conocidas que ofrecen calidad. El buen hilo se ve terso, resiste la ruptura y tiene un color, diámetro y torsión uniformes. Los hilos baratos pueden ocasionar problemas en la puntada y dar como resultado prendas que se descosen.

Seleccione el hilo según el peso de la tela y el contenido de fibras, así como el tipo de máquina que utiliza, ya sea convencional o de overlock. Mientras más fina sea la trama o el tejido y menor el peso de la tela, el diámetro del hilo deberá ser menor. Utilice hilo extra-fino, algunas veces conocido como hilo para bordar o para ropa interior, en las telas delicadas y transparentes. Para casi todas las demás telas, emplee hilo para uso general.

El contenido de fibra del hilo y de la tela no tiene que ser el mismo, aunque los hilos de algodón o seda se deben utilizar sólo en telas tejidas de algodón, lino, seda o fibras de lana. Los hilos de algodón y poliéster o sólo de poliéster, se usan para todo tipo de costura; ya sea en fibras naturales o sintéticas, tejidos de punto o hilados.

Aún cuando los hilos de uso general se emplean en una máquina convencional o en una overlock, es una buena idea emplear hilos especiales para la máquina overlock. Vienen enrollados en tubos o conos que proporcionan mayor cantidad de hilo que se requiere para la costura overlock. Estos hilos son también más delgados; por lo general, su peso está entre el de uso general y el extra-fino, para ayudar a crear una costura o dobladillo lisos y planos. Finalmente, los hilos overlock de buena calidad están diseñados para crear la menor cantidad de pelusa posible y, en el acabado de algunos, se usa un lubricante de tipo industrial para permitir la costura de alta velocidad.

Indicaciones acerca de los hilos

Compre los colores básicos y sus preferidos en carretes grandes tamaño económico, ovillos o conos. Compre carretes de hilo pequeños en colores de moda para labores especiales.

Compre suficiente hilo para la labor que esté haciendo. En una máquina convencional, un ovillo de 114 m (120 yardas) es suficiente para la mayoría de blusas, faldas y pantalones. Se necesitan dos carretes para la mayor parte de vestidos, sacos y monos. Para los conjuntos, hacen falta tres carretes o uno grande de 309 m (325 yardas). Calcule el hilo para sus proyectos de decoración teniendo en cuenta que 95 m (100 yardas) de hilo cosen 9.5 m (30 pies) con 10 a 12 puntadas en 2.5 cm (1 pulgada).

Guarde los hilos por colores a fin de facilitar su elección y anóteles la fecha de compra. Propóngase utilizar el hilo lo más pronto posible. El hilo viejo se rompe, despinta y se le forman hongos.

Seleccione el hilo de una tonalidad un poco más oscura que la tela. Armonícelo con el color de fondo de las telas de cuadros, tweeds y estampados. Compre el hilo al mismo tiempo que la tela.

Facilite el ensartado pintando de blanco el vástago de la aguja o el prensatelas, o fijando cinta blanca al vástago justo detrás del área de la aguja. Para ensartar las agujas de overlock, utilice unas pinzas para pasar el hilo por el ojo de la aguja.

Evite tener demasiados hilos de overlock combinando sólo el hilo de la aguja con el color de la tela. Éste es el único hilo que podría verse desde el derecho de la prenda. En las máquinas de overlock con dos agujas, combine el de la aguja izquierda. Utilice colores que armonicen para ensartar los ganchillos y la segunda aguja.

Cosa a mano con una sóla hebra de alrededor de 51 cm (20'') de largo. Las hebras más cortas se acaban muy rápido, especialmente al coser dobladillos o varios botones. Las hebras más largas tienden a formar nudos y enredarse.

Pase el hilo por las ranuras del recipiente plástico para recubrirlo de cera si va a coser a mano. El hilo recubierto no se enreda y las puntadas quedan muy firmes.

Corte el hilo diagonalmente al jalarlo del carrete y ensarte la aguja con el extremo cortado del hilo. No humedezca la parte cortada del hilo de poliéster, ya que la humedad dilata el trenzado dificultando ensartar la aguja.

Evite que el hilo se atore en la muesca en la base del carrete, y que posiblemente se rompa, sosteniendo el hilo en dirección opuesta a la muesca al jalarlo.

Enrede varias bobinas antes de empezar a coser, de manera que no tenga que detenerse y llenarlas a mitad de su labor. Asegúrese de que la bobina esté llena antes de hacer ojales a máquina.

Auxiliares que ahorran tiempo en la colocación y el corte

Ahorre tiempo al acomodar y cortar el patrón utilizando el menor número posible de alfileres o eliminándolos por completo. Para cortar, utilice pesas que sostengan el patrón sobre la tela. Compre juegos de pesas para costura o improvíselas utilizando latas de comida. Para acomodar un patrón con pesas, coloque primero las piezas grandes y después las pequeñas. Prenda las piezas grandes sobre las marcas del hilo de la tela. Ponga las pesas en una pieza del patrón por dentro de la línea de corte; hágalo pieza por pieza.

Utilice una cuchilla rotatoria en lugar de tijeras para acelerar el trabajo. Este utensilio funciona como un cortador de pizza. La cuchilla afilada se desliza con facilidad cortando varias capas de tela, así que corta los patrones en unos cuantos movimientos rápidos. Proteja la superficie de corte y la orilla de la cuchilla utilizando una capa especial de plástico debajo de la tela. Se les encuentra en diversos tipos y tamaños. La más práctica es del tamaño de la superficie de corte. Las que llevan impresa una cuadrícula y líneas diagonales le ahorran tiempo porque las líneas impresas le ayudan a medir con exactitud. Utilice también la cuchilla rotatoria para eliminar los márgenes en los patrones antes de cortar y también para eliminar las pestallas de las entretelas.

Cómo utilizar una cuchilla rotatoria

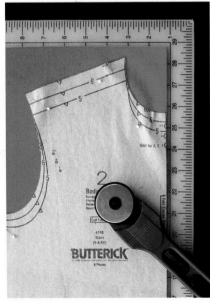

1) Deslice la base de plástico protectora debajo de la pieza del patrón que va a cortar. Deslícela debajo de las piezas conforme lo vaya necesitando, de modo que la superficie de trabajo esté siempre cubierta mientras corta.

2) Utilice una regla metálica como guía para cortar las orillas rectas. Sostenga la cuchilla rotatoria de modo que el pulgar descanse en el mango del lado de la cuchilla. Recorte las muescas al ir cortando. Las navajas se pueden ajustar para cortar telas ligeras o telas pesadas, gruesas o varias capas de tela.

3) Utilice un cortador giratorio pequeño para cortar líneas cortas, rectas o curvas pronunciadas. La hoja pequeña se maneja con mayor facilidad que la grande cuando se trata de hacer cortes compelejos.

Auxiliares para ahorrar tiempo al hilvanar

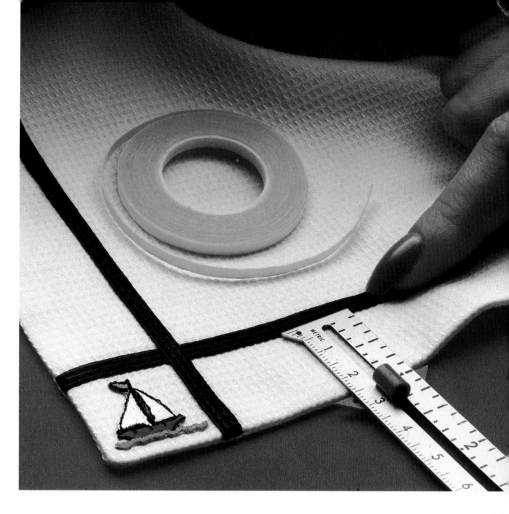

El hilvanado puede ser una preparación que lleve mucho tiempo. Sin embargo, resulta especialmente importante si está cosiendo en la máquina de overlock, porque puede ser necesario que hilvane primero para ver cómo ajusta la prenda. Después de cerrar la prenda con overlock, no hay pestañas para corregir errores si hay que soltarle a una costura.

Los materiales adhesivos, los fusionables, el hilvanado rápido a máquina (página 61) y los hilos para hilvanar solubles (página 32), son todos alternativas rápidas para la costura o el hilvanado a mano. Utilice estás técnicas al hacer costuras y dobladillos, insertar cierres y colocar vivos y adornos.

Cómo utilizar los auxiliares que ahorran tiempo al hilvanar

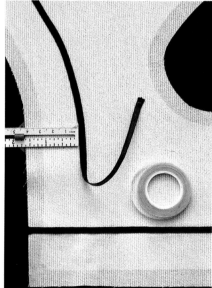

Cinta para hilvanar. Utilícela para colocar los adornos, aplicaciones, cierres y bolsas. Coloque el lado adhesivo hacia abajo, presione con los dedos en la posición que desee. Desprenda el forro de papel del lado derecho de la cinta para descubrir la parte adhesiva. Coloque el adorno y cósalo en su lugar; no cosa a través de la cinta. La cinta soluble en agua se disuelve en la primera lavada.

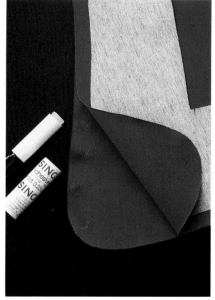

Barra de pegamento. Aplique puntos de pegamento a las pestañas de las costuras de la primera capa de tela, de modo que el pegamento quede cerca de la línea de costura, pero no sobre ésta. Acomode la segunda capa de tela mientras el pegamento está todavía pegajoso. Utilice muy poco pegamento. En climas cálidos o húmedos, refrigere el lápiz para que se conserve firme.

Malla fusionable. Doble varias veces .25 m (1/4 de yarda) de malla fusionable para cortar tiras de 3 mm (1/8"). Para fijar las bolsas de parche, ponga la tira debajo de la orilla de la bolsa y plánchela a la prenda antes de coserla. La bolsa no se resbalará mientras la cose. También se puede utilizar para hilvanar aplicaciones y adornos.

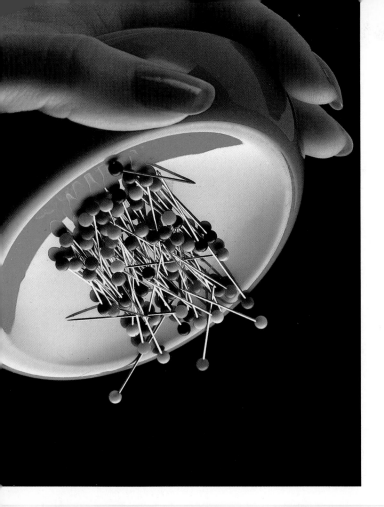

Auxiliares que ahorran tiempo al coser

Los auxiliares que ahorran tiempo al coser resuelven problemas específicos o facilitan la aplicación de ciertas técnicas. Muchos de estos auxiliares son versátiles y pueden ahorrar tiempo en modos diferentes al propósito específico para el que fueron diseñados. Por ejemplo, un alfiletero magnético no sólo contiene a los alfileres y agujas, sino que resulta práctico a la hora de limpiar: deslícelo sobre la superficie de costura o el área cercana del piso para que recoja los alfileres y agujas que se le hayan caído. La cinta de ganchos y ojillos que se emplea para cerrar las prendas, también se usa para fijar hombreras.

Continuamente salen al mercado nuevos auxiliares para la costura. Muchos de ellos, como el líquido para evitar el deshilachado y la entretela fusionable, surgieron de fórmulas adhesivas, químicas o sensibles al calor para sustituir el trabajo manual. Al utilizar cualquiera de ellos por primera vez, haga pruebas en recortes de material para aprender a manejarlo.

Visite periódicamente las tiendas que venden telas y los mostradores de artículos de mercería en busca de productos nuevos, como el hilo para hilvanar soluble; busque nuevos diseños de productos que se actualizan con frecuencia, como las aplicaciones que se planchan. Sin embargo, no todos los auxiliares que ahorran tiempo son innovaciones recientes. No pase por alto las posibilidades de los instrumentos que ya conoce, como el descosedor, el espaciador de botones y las tijeras cortahilos.

Cómo utilizar los auxiliares que ahorran tiempo al coser

Aplicaciones que se planchan. Coloque la aplicación sobre la tela, con el lado derecho hacia arriba, y cúbrala con un paño para planchar. Presione con la plancha, usando la temperatura y tiempo recomendados por el fabricante.

Hilo de hilvanar soluble. Para hilvanar a máquina, ponga hilo soluble en la aguja y la bobina y fije en la máquina la puntada más larga. Para hilvanar a mano, utilice hebras de 46 a 61 cm (18" a 24") de largo para evitar que se enrede. Use agua o vapor para disolver el hilo.

Cinta de ganchos y presillas. Coloque el lado de los ganchos en las hombreras y las presillas en la costura del hombro de la prenda para que se desprendan con facilidad. En los tejidos de suéter, utilice únicamente el lado de los ganchos en la hombrera, ya que éstos se adhieren al tejido de la prenda.

Tres usos del líquido para evitar el deshilachado

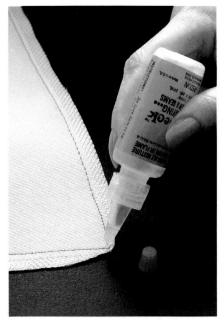

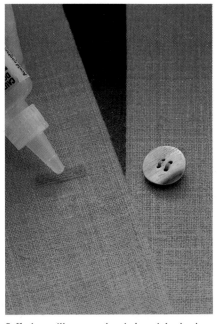

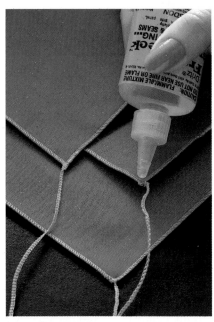

Refuerce las orillas que corta cerca de la línea de costura con una sola gota de líquido para prevenir el deshilachado. Después que el líquido seca, la orilla queda firme y no se deshilacha fácilmente.

Selle las orillas cortadas de los ojales hechos a máquina cubriéndolos ligeramente con líquido para evitar el deshilachado. Haga primero una prueba en un recorte porque el producto puede oscurecer y entiesar la tela. Quite el exceso con alcohol antes de que seque completamente.

Selle la hilera de puntadas de overlock humedeciéndolas con líquido para prevenir el deshilachado. Corte las cadenas de hilos después de que el líquido esté seco. Acelere el secado con una secadora manual.

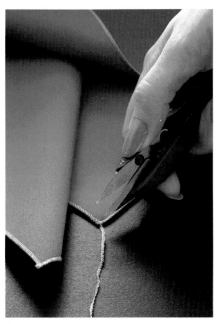

Espaciador de botones. Al coser botones, ajuste las partes móviles en forma de U al final de la escala para formar tallos de hilo uniformes. Seleccione de entre tres longitudes de tallo, utilizando el espesor de una, dos o tres partes al final de la escala.

Cortador de hilos. Presione las tijeras de resorte entre el pulgar y los dedos para cortar los hilos. Un solo movimiento de la mano le lleva menos tiempo que abrir y cerrar las hojas de las tijeras. Para ahorrar más tiempo, cuélguese el cortador al cuello con un listón.

Descosedor. Inserte el diente del descosedor debajo de una sola puntada a intervalos de 2.5 cm (1") para cortarla. Jale el hilo desde el otro lado de la costura. A fin de mantener la tela estirada, utilice el prensatelas como una tercera mano para detener un lado de la costura. Jale las orillas con suavidad, abriéndolas para separar la costura. No deslice el cortador a lo largo de la costura.

Auxiliares para ahorrar tiempo al planchar

El tiempo que dedica a planchar puede ser reducido significativamente reuniendo lo más moderno en equipo de planchado, manteniéndolo en buenas condiciones y utilizándolo eficientemente.

El planchado no tiene que hacerse en la tabla para planchar tradicional. Una tabla para planchar que se coloque sobre la mesa cerca de donde cose es una alternativa muy práctica. Le ofrece una superficie bastante amplia para la mayor parte del planchado, excepto para el planchado final de las prendas.

Otra opción es una prensa de planchado de estilo profesional. Acelera el planchado de la confección, así como la aplicación de productos fusionables, ya que la superficie de planchado es mayor que la de una plancha doméstica.

Cuando se planchan superficies curvas, un brazo de sastre (1) y una almohadilla de sastre (2) ayudan a dar forma. El aplanador de puntas (3), la plegadera (4) y el guante de sastre (5) le ayudan a trabajar bien en áreas difíciles de alcanzar.

Use una plancha de vapor con botón de presión (6) para que pueda concentrar humedad adicional donde y cuando la necesite, durante la confección de una prenda. Mantenga limpia su plancha. Si se mancha con las resinas del material fusionable o de las entretelas adheribles, desmánchela con un solvente especial que se vende en los departamentos de mercería. Cubra la plancha con una placa deslizable perforada que no se pega (7) para facilitar el planchado por el lado derecho de las telas sin utilizar un trapo para planchar. Los productos fusionables no se adhieren a este tipo de superficies.

Sugerencias para planchar

No planche después de cada paso de costura. Forme grupos de piezas de costura y de planchado.

Mantenga la plancha y el resto del equipo de planchado cerca de la máquina de coser para ahorrar pasos.

Precaliente la plancha a modo que esté lista para usarla. Pruebe la temperatura de la plancha en trozos de tela para encontrar la más adecuada.

Corte la entretela o red fusionable en una mesa, no en la tabla para planchar. Si quedan recortes de productos fusionables en la plancha o en la superficie que va a planchar, son difíciles de ver y pueden fusionarse a una pieza de su costura o a la plancha.

Cubra la superficie de planchado con un paño mientras hace la fusión: esa tela le sirve para conservar limpia la superficie de planchado de residuos y manchas.

Planche (o alise con los dedos) los cruces de dos costuras.

Planche después de hacer el bajopespunte, no antes.

Planche en una sola dirección los pliegues y pinzas.

Corte muescas en las telas pesadas y planche abiertos los dobleces. No planche las puntas.

Cómo ahorrar tiempo al planchar

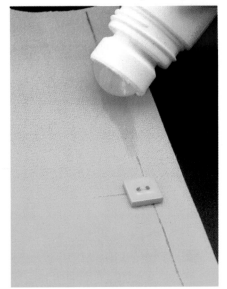

Llene con agua una aplicador de desodorante vacío y úselo para quitar las marcas lavables en el lado derecho de la prenda. Cuando se planchen estas marcas, se fijan permanentemente.

Aplique humedad adicional para planchar las telas resistentes a las arrugas. Para planchar, cubra la costura con una tira de muselina mojada o utilice una botella rociadora. Si mezcla vinagre blanco con una cantidad igual de agua, le ayudará a fijar los dobleces. Haga primero una prueba para ver si mancha.

Planche las costuras ocultas, como en cuellos y puños, antes de voltear la pieza. Presione con los dedos las costuras cortas y las pinzas, con la parte plana de una plegadera. Planche sobre la plegadera para obtener orillas bien definidas. Planche los dobladillos y puños ligeramente para que. los pliegues sean suaves.

Entretelas fusionables

Existen docenas de entretelas fusionables en el mercado y todas le ahorran tiempo. Le permiten dar forma y rigidez a las prendas o agregar un refuerzo a sus proyectos de decoración con un esfuerzo mínimo.

Se fabrican algunas entretelas fusionables para usos especiales, como para dar forma a las pretinas, agregarle cuerpo a los cuellos y puños de las camisas o para la costura tipo sastre. Algunas están diseñadas para telas específicas, como tejidos de punto elásticos o telas transparentes. Los fabricantes imprimen las instrucciones en los forros de protección de la tela o en los extremos de las piezas, para ayudarle a comprar el producto adecuado. Siga sus sugerencias para simplificar sus compras.

Haga una fusión de prueba de la entretela y la tela para asegurarse de que la elección es la adecuada y determinar el calor, presión, humedad y tiempo necesarios para una adhesión dura-

dera. Es probable que necesite más de un tipo de entretela en la misma prenda, por lo tanto, es conveniente que tenga siempre a mano y listos para usarlos, varios tipos de material fusionable en diferentes pesos y clases.

Las entretelas fusionables resultan adecuadas para una amplia gama de telas, pero no se deben utilizar en telas que se dañan con el calor, la presión y la humedad. Entre las telas inadecuadas se encuentran el terciopelo de rayón, las sedas que se manchan con el agua o que no pueden pre-encojerse, las telas de textura pesada y los acetatos. Tampoco resulta conveniente utilizar telas fusionables en telas que tienen una superficie lustrosa o que han recibido un tratamiento del fabricante para repeler el agua o las manchas; estas telas no permiten la penetración de las resinas fusionantes e impiden una adhesión adecuada.

Cómo hacer una prueba de fusión en una muestra

1) Corte un cuadro de tela por lo menos de 15 cm (6") por lado. Corte una muestra de entretela de la mitad de ese tamaño. Colóquela con el lado adhesivo hacia abajo en una mitad del cuadro. El lado de la resina se ve ligeramente brillante o tiene pequeños puntos realzados. Corte un pequeño triángulo de tela ligera y deslícelo bajo una esquina de la entretela para que le sirva como lengüeta para probar la adhesión.

2) Fusione, cubriendo la plancha con la placa especial antiadherente o con un paño para planchar ligeramente húmedo. Utilice la temperatura y tiempo recomendados por el fabricante de la entretela. Utilice un reloj con segundero para medir el tiempo con precisión. Apóyese firmemente en la plancha. Es necesario hacerlo para fusionar completamente las resinas y hacer que penetren en el tejido de la tela.

3) Dele vuelta a su muestra de tela, de modo que el derecho quede hacia arriba. Proteja la plancha con la placa antiadherente o con un paño para planchar y planche bien. Las resinas fusionantes se derriten hacia el calor, de modo que al planchar por el derecho, el adhesivo penetra más en la estructura de la tela adhiriéndose mejor. Por otro lado, la mayor parte del calor de la plancha se concentra cerca de las aberturas para el vapor. El segundo planchado ayuda a fijar las áreas que no se cubrieron completamente la primera vez. Deje que la muestra se enfríe completamente.

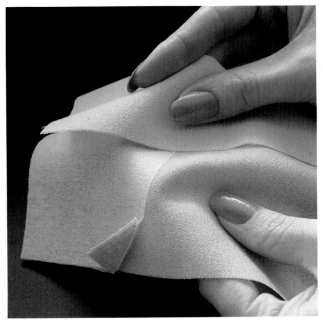

4) Jale la lengüeta y trate de despegar la entretela. Esta debe estar pegada permanentemente a la tela de su prenda. Doble la tela sobre la entretela para ver si obtuvo el efecto deseado. Maneje la muestra y observe cómo se dobla. Fíjese si hay alguna decoloración por el lado derecho o si la orilla de la entretela es visible por el derecho. Si lo desea, lave a máquina su muestra y séquela para ver cómo se comporta con el lavado.

Cuatro problemas de fusión comunes y su solución

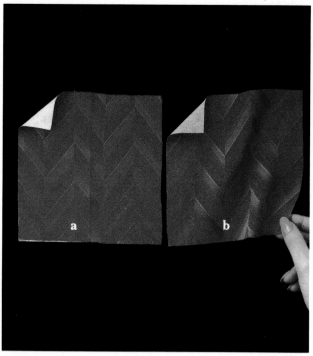

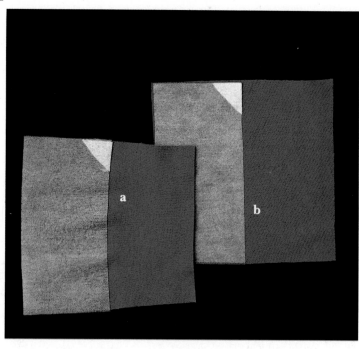

1) Las entretelas se ven a través del lado derecho de la tela **(a)**. La entretela es demasiado pesada. Haga otra prueba **(b)** utilizando una entretela más ligera.

2) La tela está fruncida en **(a)**. El calor y la humedad que utilizó para la fusión encogieron la tela. Pre-encoja la tela para eliminar el encogimiento residual; haga otra prueba **(b)**. Recuerde pre-encoger todas sus telas antes de fusionarles entretela.

Cómo aplicar la entretela fusionable

Recorte toda la pestaña de la entretela si va a sobrehilar o a pespuntear la orilla; si no es así, recorte la pestaña dejándola de 3 mm (1/8''). Una la entretela a la pieza de su prenda con la punta de la plancha. Después haga esa adherencia permanente utilizando el calor, presión, humedad y tiempo que empleó para la muestra.

Trabaje de arriba hacia abajo o de un lado al otro traslapando las áreas fusionadas con la plancha para asegurarse de que el cubrimiento sea completo. Si le es posible, trabaje en una superficie lo suficientemente larga para que quepa toda la pieza. Como primer paso al coser, pegue las entretelas a todas las piezas de su prenda.

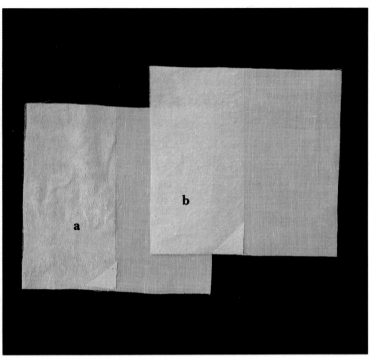

3) La entretela forma burbujas en **(a)**. La plancha estaba demasiado caliente. Haga otra prueba a menor temperatura **(b)**. Al utilizar temperaturas más bajas, probablemente tenga que aumentar el tiempo de planchado. Las burbujas se presentan en ocasiones después de lavar la muestra.

4) La entretela se despega en **(a)**. La plancha estaba muy fría. Haga otra prueba utilizando mayor temperatura **(b)**. También tendrá que apoyar más la plancha para aumentar la presión.

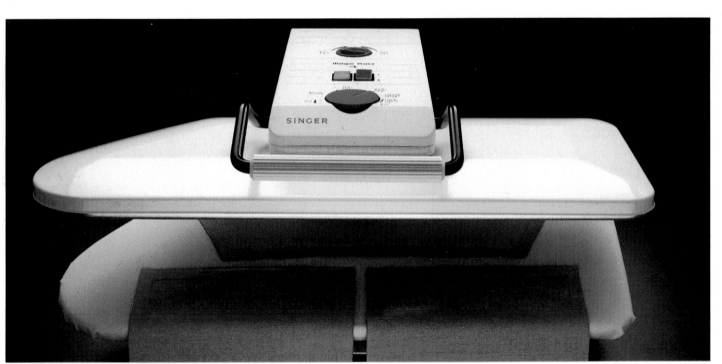

Simplifique la aplicación de entretelas fusionables utilizando una prensa para planchado. Adhiera varias entretelas a partes pequeñas de la prenda al mismo tiempo, como puños y cuellos. O fusione rápidamente piezas grandes porque la superficie de planchado es considerablemente mayor que la placa de una plancha doméstica. Una prensa de planchado es una inversión que vale la pena para el planchado o alisado doméstico y si se cose mucho.

Ahorre tiempo con su máquina de coser

Investigue las posibilidades de su máquina de coser. Lea el manual y aprenda a utilizar las puntadas inclinadas, así como los aditamentos de la caja de accesorios. Mientras más costura le sea posible efectuar a máquina, avanzará más aprisa en la confección.

Las máquinas de coser pueden hacer mucho más que costura recta. También pueden hilvanar, bordar, acabar las orillas, hacer holanes, aplicar ribetes, coser botones y mucho más. Una manera de aprender lo que su máquina puede hacer es tomar clases. Dedique algún tiempo a practicar hasta que las características especiales de su máquina le sean familiares, lo cual le ahorrará tiempo en el futuro.

Las máquinas de coser más novedosas tienen mecanismos electrónicos computarizados para facilitar la operación y que la selección de puntada sea la adecuada. Las características varían de una marca a otra y entre uno y otro modelos, pero todas permiten almacenar secuencias de puntadas en la memoria de la máquina. Por lo tanto, con sólo oprimir un botón puede producir una serie de ojales perfectamente iguales, o, al tocar un control, hacer que la máquina remate automáticamente. Existe un gran número de puntadas incluidas en la máquina y usted puede programarla para obtener una combinación ilimitada de puntadas para adornar sus costuras en forma creativa.

Algunas de las máquinas más avanzadas se ajustan a sí mismas al espesor de la tela, midiendo automáticamente un botón para hacer el ojal del tamaño correcto. Tienen una señal para indicar que queda poco hilo en la bobina y cosen a los lados, así como para adelante y para atrás, reduciendo el número de veces que se tiene que voltear el trabajo. Todas estas máquinas tienen menos partes móviles que los modelos antiguos, de modo que son ligeras, silenciosas y fáciles de conservar.

Investigue las características que ahorran tiempo en los nuevos modelos de máquinas de coser para saber si necesita otra máquina. Para evaluar una nueva, considere la costura que hace habitualmente y la que le gustaría hacer en el futuro. Para ver el costo de un modo real, divida el precio de una máquina nueva entre el número de años que piense usarla. Si una máquina nueva le ayudaría a coser más en menos tiempo y su presupuesto puede cubrirla, es un gasto que vale la pena.

Cómo aprovechar más las puntadas incluidas

La puntada recta es la que más se utiliza. Además de coser costuras, dobladillos y cierres, se utiliza para plegar, fruncir, desvanecer, acolchar, aplicar adornos, reforzar, sobrehilar, ribetear, remendar y para la técnica rápida de coser en el centro de la costura. La puntada recta con aguja doble forma dos hileras cercanas de sobrepespunte, paralelas de una sola pasada. Varíe la longitud de las puntadas rectas para propósitos diferentes. Utili-

ce puntadas cortas para reforzar las áreas sometidas a estiramiento, para coser curvas y puntas con precisión y para asegurar el inicio y el final de las costuras sin coser hacia atrás. Alargue la puntada para hacer costuras largas y rectas y dobladillos y para desvanecer y fruncir.

La puntada recta lateral le permite coser en áreas estrechas, como mangas y piernas de pantalones, y aplicar parches o adornos sin darle vuelta al trabajo.

La puntada de hilván rápido es una puntada extra-larga que se forma con tensión floja para que los hilos se puedan quitar fácilmente. Hilvane rápidamente para transferir las marcas del patrón al lado derecho de las piezas de la prenda y para preparar la prenda para las pruebas de ajuste. Recorte los hilos entre las puntadas a fin de hacer marcas de sastre rápidas en una sola capa de tela.

La puntada recta elástica forma una puntada fuerte, elástica con sólo mover la aguja hacia adelante y hacia atrás en un patrón predeterminado. Se utiliza para hacer costuras duraderas en la sisa y la entrepierna, así como para la costura elástica en los tejidos de punto.

La puntada de zigzag es la que más se usa después de la recta. Se escoge para hacer costuras, acabar orillas, pegar elástico y ribetes, remendar, zurcir, acolchar, dobladillar, coser botones y empalmar orillas. Ajuste la longitud de la puntada y el movimiento lateral (bight) para puntadas angostas y juntas para hacer refuerzos de presilla, ojales, monogramas y otras labores de bordado y decorativas.

La puntada de zigzag de tres pasos es similar al zigzag normal, excepto que se forman tres puntadas pequeñas en cada balanceo del aguja. Es mucho más elástica que el zigzag común, de manera que resulta especialmente adecuada para costuras y dobladillos en los tejidos de punto elásticos. También se utiliza para estabilizar las orillas cortadas que tienden a deshilacharse o enrollarse.

El punto ciego se utiliza principalmente para dobladillar ropa y en trabajos decorativos para el hogar, aunque también se utiliza para dar a los cierres el aspecto de aplicación a mano y colocar cordones decorativos. Se puede hacer una orilla en la ropa interior o infantil utilizando esta puntada a lo largo de una orilla doblada.

La puntada de sobrehilado hace costuras de 6 mm (1/4") y sobrehila las orillas cortadas. Ajústela a una puntada corta para imitar el estilo overlock en las costuras, reforzar las áreas de tensión en las prendas, coser tejidos de punto elásticos, acabar las orillas y hacer costuras visibles decorativas por el derecho de la prenda. Utilice una puntada larga para hacer una "M" abierta y fijar cordones o formar una orilla ondulada.

Cómo utilizar eficazmente los accesorios y aditamentos

No se deje guiar por los nombres de los accesorios y aditamentos y piense que sólo sirven para una sola operación. La mayoría tienen varios usos. El fruncidor, por ejemplo, también hace tablas y pliegues. Practique en trozos de tela hasta que se familiarice con la forma como trabajan y así empezará a ver todas sus posibilidades.

A continuación se explica el funcionamiento de algunos de los accesorios y aditamentos para máquina más comunes. Consulte con un vendedor de máquinas de coser para obtener información sobre los accesorios disponibles para su máquina de coser.

El prensatelas para remendar no ejerce presión sobre la tela, de modo que el control del movimiento de la tela y la dirección de las puntadas se hace manualmente. La tela debe estar estirada en aros para bordar durante la costura. Utilícelo para bordado libre, remiendos o zurcidos.

El pie para coser botones también sirve para coser broches de ganchos y presillas planas a máquina. El pie ahorra mucho tiempo cuando se tienen que aplicar muchas piezas iguales.

El pie *Even Feed* MR ejerce presión para que la capa superior de tela pase debajo del prensatelas a la misma velocidad que la capa inferior. El prensatelas *Even Feed* MR es un auxiliar para coser sin alfileres; ayuda a coser las telas de cuadros o rayas haciendo coincidir los dibujos; sirve para unir dos clases diferentes de telas y para coser telas que tienden a resbalarse, como el terciopelo, o telas que tienden a pegarse, como las de vinilo.

El dobladillador angosto enrolla la tela para hacer un dobladillo angosto enrollado de alrededor de 3 mm (1/8") de ancho. Este dobladillo resulta especialmente adecuado para la ropa interior, los pliegues, telas transparentes, faldas amplias y labores de decoración del hogar como manteles, servilletas y guardapolvos. Utilícelo también para aplicar encaje conforme dobladilla y para hacer costuras invisibles en las telas transparentes.

El pie plegador se ajusta con una palanca, de manera que se pueden hacer tableados o fruncies uniformes para adornos, vestidos y labores de decoración para el hogar. Acorte el largo de la puntada para que los pliegues queden más juntos; alargue la puntada para que los pliegues queden menos voluminosos. También puede utilizar el aditamento para confeccionar y aplicar un holán en un solo paso.

El pie para acolchado tiene una barra movible que se puede colocar en la posición que se desee a fin de alinear el sobrepespunte paralelo a una orilla o a otra hilera de puntadas. Los dientes abiertos de este pie permiten manejar la tela con facilidad al coser motivos florales, espirales u otros patrones curvos al acolchar o hacer sobrepespunte.

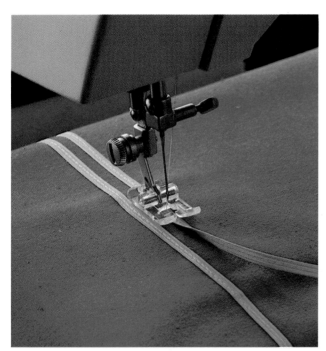

El pie pegacintas tiene un canal en la parte inferior a fin de que las puntas gruesas, como la puntada de satín, pasen sin atorarse. Además de usarlo en puntadas decorativas, se utiliza para aplicar cinta de elástico angosta o adornos como la trencilla o el galón.

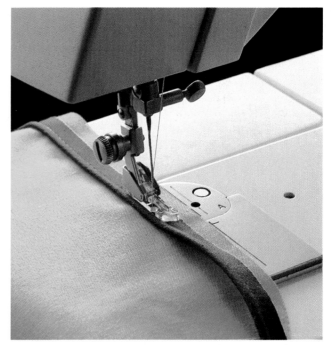

El pie para cierres tiene un solo diente ancho para coser junto a las orillas levantadas o costuras con más volumen en un lado que en el otro. Utilícelo para aplicar vivos y cordones y para hacer ojales forrados y bolsillos de ojal o para insertar cierres.

La máquina de overlock

La máquina de overlock, también llamada sargadora, es una máquina de costura especial que complementa a la máquina convencional. Es similar al equipo de alta velocidad que se usa en los talleres de ropa. Acorta el tiempo considerablemente, ya que recorta y sobrehila las orillas cortadas conforme va haciendo la costura. Además, realiza esta operación de tres pasos en uno a alta velocidad. Las máquinas de overlock hacen 1500 o más puntadas por minuto, alrededor del doble de las máquinas comunes. Como beneficio adicional, la tela pasa uniformemente, de modo que aun las telas tradicionalmente difíciles de manejar, como las sedas resbalosas y las transparentes delgadas, no aumentarán el tiempo de costura.

Por sus características únicas, una máquina de overlock simplifica la confección de las prendas. Elimina los pasos que llevan más tiempo y estimula los hábitos de costura eficaces, como la construcción plana, coser sin alfileres y la costura continua. También evita levantar y bajar el prensatelas, el sobrepespunte hacia atrás y el enrollado de bobinas.

Funciones y partes

La máquina de overlock es excelente para el acabado de costuras angostas, dobladillos enrollados, y dobladillos con puntada invisible y los acabados en las orillas que se unen lateralmente. También se le debe preferir para aplicar cinta elástica, vivos, listones y encaje. Utilice una máquina convencional cada vez que requiera puntada recta o zigzag, como cuando se requiere sobrehilar, insertar un cierre o hacer ojales.

Cada modelo de máquina overlock tiene una puntada característica y se identifica por el número de hilos que usa. Las partes principales de una máquina de overlock se indican en el modelo de 4 hilos de la página opuesta. Puesto que también se puede ajustar para utilizarse con tres hilos, se le llama máquina overlock convertible de 4 a 3 hilos. Existen otros dos modelos que se usan frecuentemente, uno de 3 hilos y otro de 4 y 2 hilos. Revise el manual del fabricante para información específica sobre el modelo que usted tenga.

Las agujas pueden ser de tipo industrial, de vástago largo o corto, o del tipo común que se utiliza en las máquinas convencionales. Utilice la que se especifica para su máquina. Las agujas industriales son más resistentes y duran más que las convencionales, pero resultan más caras y no se consiguen fácilmente. Las agujas convencionales necesitan cambiarse frecuentemente. Utilice la más delgada posible para no dañar la tela. Las de calibre 11 (75) resultan satisfactorias para la mayor parte de pesos de telas.

Las cuchillas actúan como las hojas de las tijeras para cortar la pestaña al ancho de costura deseado. Una cuchilla de acero inoxidable al carbón puede durar varios años. Las otras son menos durables y se deben cambiar tres o cuatro veces al año. Cuando las cuchillas parecen estar desafiladas, límpielas primero con alcohol, colóquelas de nuevo y apriete los tornillos. Haga una prueba cosiendo lentamente. Si el problema persiste, cambie la menos durable y pruebe de nuevo. Como último recurso, cambie la otra cuchilla.

Cuidado y mantenimiento

La máquina de overlock crea más pelusa que las máquinas convencionales porque recorta la tela conforme cose, y necesita limpiarse por dentro y por fuera con frecuencia. Utilice una brocha para pelusa o aire a presión para quitar la pelusa de los ganchillos y del área de la placa del transportador. Limpie los discos de tensión, agujas, cuchillas y dientes del transportador con alcohol.

Para que su máquina funcione suave y silenciosamente, aceítela con frecuencia. Las máquinas de overlock se lubrican con un sistema de pabilo y pierden aceite por gravedad, incluso cuando no se usan.

Hilos para máquina overlock

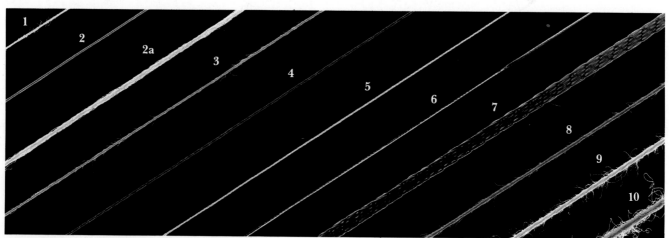

El hilo delgado y resistente da mejores resultados. El poliéster de fibra larga (1) es bueno para todos los usos; el nylon tipo lana (2 y 2a) tiene resistencia y elasticidad excepcionales. El hilo de algodón y de algodón y poliéster (3) también da resultados satisfactorios, pero produce más pelusa y se rompe al aumentar la tensión o con las velocidades altas. Los hilos decorativos de rayón (4), seda (5) y metálicos (6) se utilizan para efectos especiales, al igual que el listón angosto (7), el hilo torzal para ojales (8), el algodón perla (9) y el estambre delgado (10).

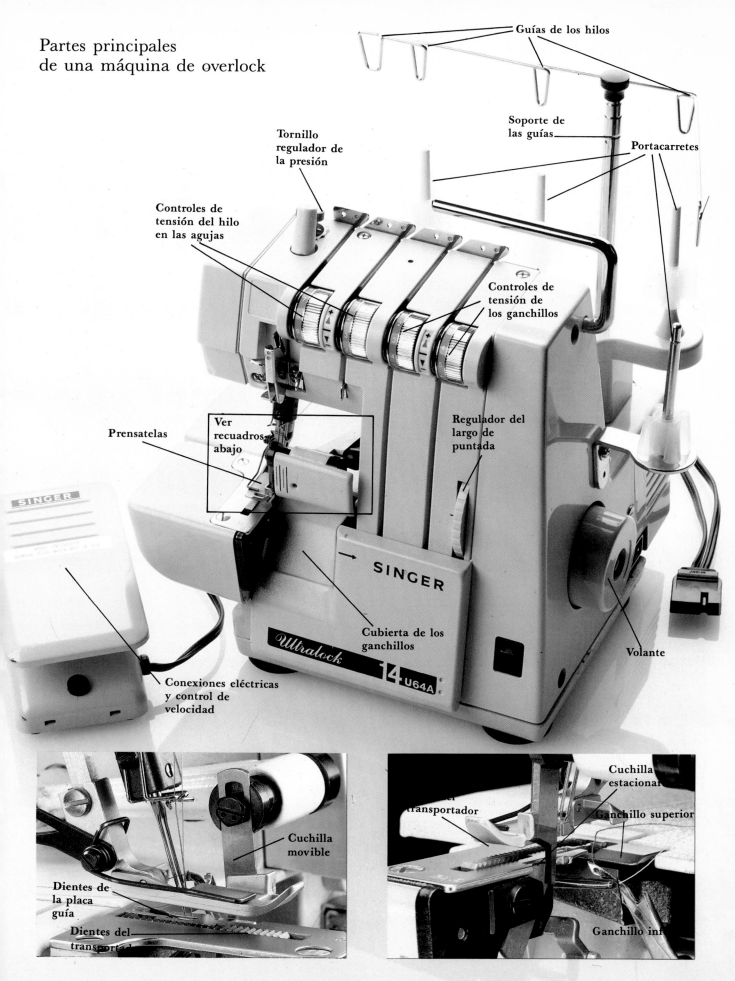

Partes principales de una máquina de overlock

Guías de los hilos

Soporte de las guías

Portacarretes

Tornillo regulador de la presión

Controles de tensión del hilo en las agujas

Controles de tensión de los ganchillos

Prensatelas

Ver recuadros abajo

Regulador del largo de puntada

Cubierta de los ganchillos

Volante

Conexiones eléctricas y control de velocidad

SINGER

Ultralock 14 U64A

Cuchilla movible

Dientes de la placa guía

Dientes del transportador

transportador

Cuchilla estacionaria

Ganchillo superior

Ganchillo inferior

Cómo obtener la puntada perfecta

En una máquina de overlock, los controles de tensión son en realidad selectores de puntada. Cada hilo tiene su propio control de tensión. Al cambiar una o más de las tensiones, se modifica el tipo de la puntada porque se modifica la forma como se enlazan. Con los ajustes de tensión, la máquina de overlock puede coser con una amplia variedad de hilos, telas, y hacer todo tipo de costuras, dobladillos, y puntadas decorativas.

Una buena manera de familiarizarse con el ajuste de las tensiones es ensartar cada ganchillo y aguja con hilos de color contrastante. Copie el código de color que se utiliza en el diagrama de ensartado de la máquina. Haga varias muestras de puntada, apretando y aflojando las tensiones en forma secuencial. De esta manera apreciará el efecto de cada ajuste de tensión y aprenderá a utilizar los controles de tensión para obtener una puntada de overlock bien equilibrada. La mayoría de las muestras de puntadas que aparecen a continuación y en la página opuesta, se hicieron en una máquina de overlock de 3 hilos; las muestras hechas en otros modelos de máquina tienen un aspecto similar y se ajustan del mismo modo.

Tensiones bien balanceadas

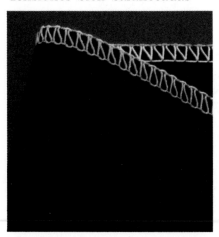

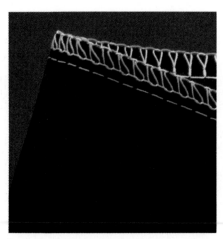

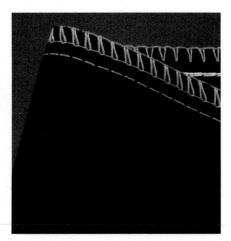

La puntada con 3 hilos se forma por dos ganchillos y una aguja. Los ganchillos jalan el hilo superior (naranja) y el inferior (amarillo) formando cadenas definidas y parejas en la orilla cortada. El hilo de la aguja (verde) forma puntadas planas sin fruncidos.

La puntada de 4 y 3 hilos se forma con dos ganchos y dos agujas. Los ganchillos ensartan el hilo superior (naranja) e inferior (amarillo) formando cadenas parejas en la orilla cortada. Los hilos de ambas agujas (azul y verde) forman pluntadas planas que se entrelazan con el hilo de los ganchillos.

La puntada de 4 y 2 hilos forma una doble hilera de puntadas con dos ganchillos y dos agujas. El hilo de la aguja izquierda (azul) se entrelaza con el hilo del ganchillo inferior (amarillo) para formar una puntada definida de cadeneta, sin frunces. El hilo superior del ganchillo (naranja) y el de la aguja derecha (verde) se entrelazan sobre la orilla cortada.

Ajustes de tensión más frecuentes

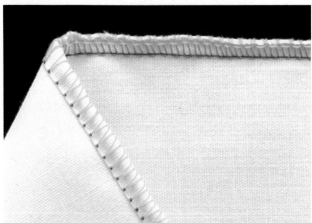

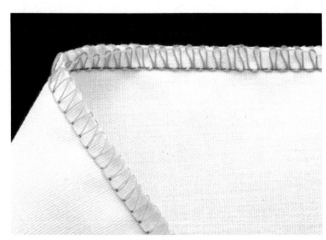

El ganchillo superior está demasiado apretado. El hilo del ganchillo superior (naranja) jala el hilo del ganchillo inferior (amarillo) hacia la parte superior de la tela. Afloje la tensión del ganchillo superior de modo que los hilos se entrelacen en la orilla cortada.

El ganchillo inferior está muy flojo. El hilo del ganchillo inferior (amarillo) queda suelto sobre la tela. Apriete la tensión del ganchillo inferior hasta que las puntadas queden planas y uniformes en la tela.

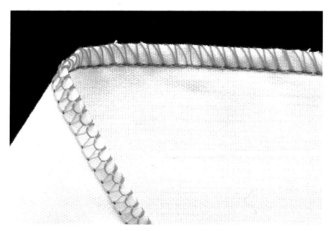

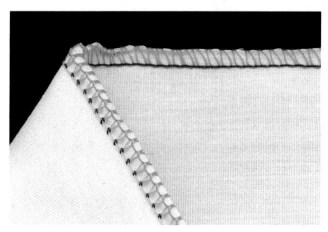

El ganchillo superior está demasiado flojo. El hilo del ganchillo superior (naranja) se entrelaza con el del ganchillo inferior (amarillo) por debajo de la tela. Apriete la tensión del ganchillo superior para que los hilos se entrelacen en la orilla cortada.

El ganchillo inferior está demasiado apretado. El hilo del ganchillo inferior (amarillo) jala el hilo del ganchillo superior (naranja) haciendo que las puntadas se entrelacen doblando la orilla de la tela hacia abajo. Afloje la tensión del ganchillo inferior para que los hilos se entrelacen en la orilla cortada.

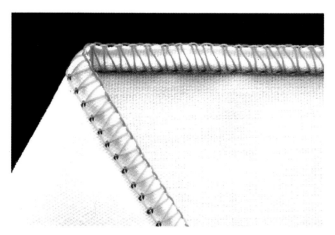

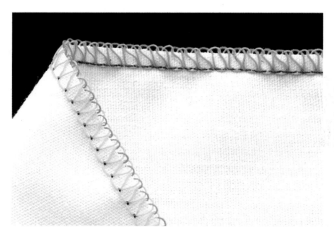

Los ganchillos inferior y superior están muy apretados. La tela se abulta y frunce dentro de las puntadas. Afloje ambas tensiones, superior e inferior, hasta que la tela se acomode.

Los ganchillos de arriba y de abajo están muy flojos. Los hilos del ganchillo inferior (amarillo) y superior (naranja) se entrelazan más allá de la orilla cortada formando lazadas flojas. Apriete ambas tensiones de los ganchillos a fin de que las puntadas se ajusten a la orilla cortada.

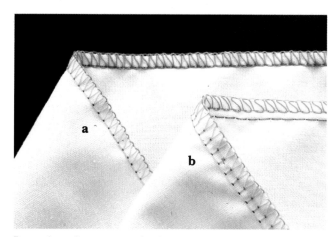

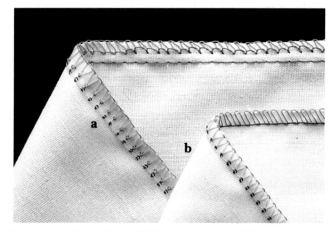

La aguja está muy apretada. La tela se pliega o se jala hacia arriba a lo largo cuando el hilo de la aguja (verde) está demasiado apretado **(a)**. Afloje la tensión de la aguja hasta que la tela se acomode. Pruebe los tejidos de punto en cuanto a la ruptura del hilo, aflojando el hilo de la aguja si es necesario. En la máquina de 4 y 3 hilos **(b)**, ajuste el hilo de cada aguja (azul, verde) por separado.

La aguja está muy floja. El hilo de la aguja (verde) forma lazadas flojas por debajo de la tela **(a)**. Apriete la tensión de la aguja a fin de obtener puntadas planas, uniformes. En la sargadora de 4 y 3 hilos **(b)**, ajuste el hilo de cada aguja (azul, verde) por separado.

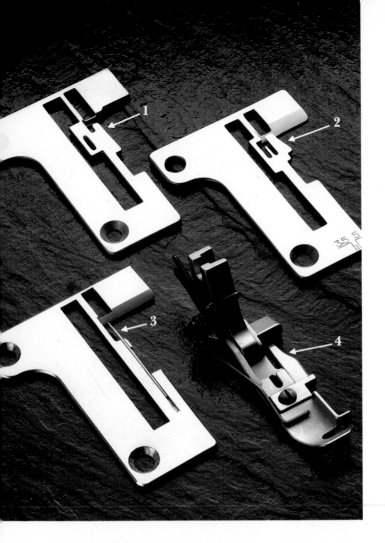

Lo elemental del overlock

Para iniciar su costura con la máquina de overlock, haga funcionar la máquina sin tela para crear una cadena de puntadas de alrededor de 5 cm (2") de largo. Dejar una cadena de puntadas al principio y al final de una costura, impide que se desbaraten las puntadas. Cuando se hace funcionar una máquina de overlock sin tela, no se daña la máquina ni se rompen los hilos porque las puntadas se forman en la guía de las puntadas.

En la mayoría de las máquinas de overlock, la placa del transportador tiene una (1) o dos (2) guías de puntada. Las puntadas se forman alrededor de las guías, de modo que, si la tensión es adecuada, el ancho de la guía determina el ancho de la puntada. Existe una guía especial angosta (3) que se utiliza para coser un dobladillo o costura enrollados.

El prensatelas también tiene en ocasiones una guía de puntadas (4). Las máquinas con este tipo de prensatelas utilizan uno especial para hacer un dobladillo o costura enrollados.

Cómo cambiar el hilo

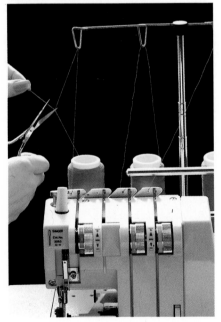

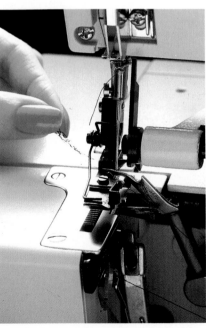

1) Corte cada hilo cerca del cono y quite el cono. Amarre el hilo nuevo en cada hilo ya en la máquina utilizando un pequeño nudo manual. Recorte los extremos de los hilos a 1.3 cm (1/2") del nudo.

2) Afloje la tensión o deje los controles de tensión en 0. Corte el hilo de la aguja frente a ésta. Jale la cadena guía para separar las hebras.

3) Jale los hilos de uno en uno a través de la guía del hilo, del ganchillo superior y del inferior. Jale el hilo de la aguja hasta que el nudo llegue al ojo de ésta. Corte el nudo y ensarte la aguja con pinzas.

Cómo limpiar los dientes de la placa guía

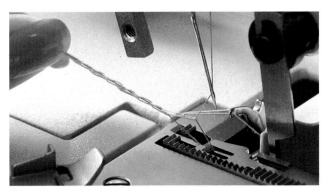

1) Levante el prensatelas. Dele vuelta al volante para subir la aguja. Coloque la mano izquierda en la cadena de hilo detrás del prensatelas. Para aflojar el hilo de la aguja, jálelo suavemente sobre la última guía de hilo delante de la aguja. (En la fotografía no aparece el prensatelas para mostrar los detalles.)

2) Jale directamente hacia atrás la cadena de hilo detrás del prensatelas hasta que los hilos se separen y los dientes de la guía para puntadas o prensatelas estén vacíos.

Cómo empezar una costura

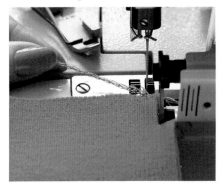

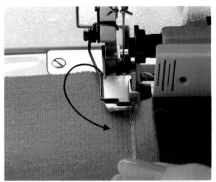

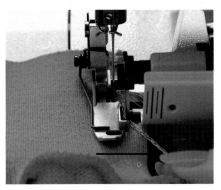

1) Haga una cadena con el hilo. Cosa una o dos puntadas. Levante el prensatelas y dele vuelta al volante para levantar la aguja. Despeje los dientes de la guía. Pase los dedos a lo largo de la cadena de hilo para alisarla. (En la fotografía no aparece el prensatelas para mostrar los detalles.)

2) Pase la cadena de hilo a la izquierda, alrededor del prensatelas y por debajo de éste. Coloque la cadena de hilo entre la aguja y la cuchilla. Sostenga la cadena de hilo en este lugar y baje el prensatelas.

3) Haga la costura sobre la cadena de hilo a lo largo de unos 2.5 cm (1"); después, pase la cadena hacia la derecha para que la cuchilla la corte al seguir haciendo la costura.

Cómo acabar una costura

1) Haga una puntada más después de que se acabe la tela y pare. Levante el prensatelas y la aguja para despejar los dientes de la guía. (El prensatelas no aparece en la fotografía para mostrar los detalles.)

2) Voltee la costura hacia arriba y gírela para alinear la orilla de la costura con la orilla de la cuchilla. Baje el prensatelas. Gire el volante para insertar la aguja al final de la costura y a la izquierda de la orilla, cubriendo el ancho de la puntada.

3) Cosa sobre las puntadas anteriores alrededor de 2.5 cm (1"). Cosa fuera de la orilla, dejando una cadena de hilo. Con las tijeras o la cuchilla, recorte la cadena de hilo cerca de la orilla de la costura.

Cómo coser esquinas y aberturas interiores

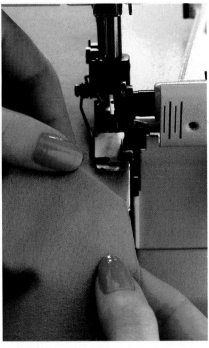

1) Acabe las costuras de las esquinas interiores alineando la orilla cortada de la tela con la cuchilla de la sargadora. Cosa, deteniéndose antes de la esquina.

2) Doble la tela hacia la izquierda para enderezar la orilla. Esto puede crear un pliegue que no se debe coser.

3) Reanude la costura, sosteniendo la tela en línea recta. Una vez pasada la esquina, puede aflojar la tela.

Cómo coser orillas curvas

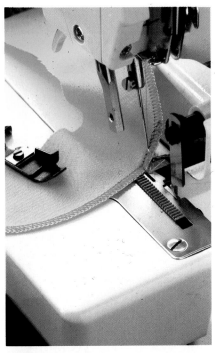

1) Empiece a coser en ángulo hasta que llegue a la línea de corte o de puntada que desea.

2) Guíe la tela frente al prensatelas de modo que las cuchillas recorten la orilla en forma curva. Mientras cose, observe la cuchilla, no la aguja.

3) Deténgase cuando las puntadas se encimen sobre las anteriores. Levante el prensatelas. Mueva la tela de modo que quede detrás de la aguja; cosa fuera de la orilla a fin de evitar lazadas sobre la orilla de la tela. (En la fotografía no aparece el prensatelas a fin de mostrar la posición de la aguja.)

Cómo coser esquinas exteriores

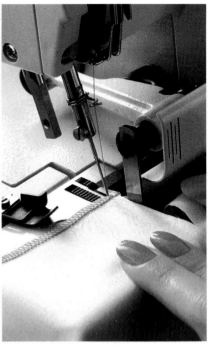

1) Recorte la pestaña más allá de la esquina alrededor de 5 cm (2"). Si está confeccionando servilletas, manteles individuales u otras labores similares, puede cortar la tela al tamaño deseado y omitir este paso.

2) Haga una puntada más allá de donde termina la esquina y deténgase. Levante el prensatelas y la aguja para vaciar los dientes de la guía y aflojar ligeramente el hilo de la aguja. (En la fotografía no aparece el prensatelas a fin de mostrar la posición de la aguja.)

3) Gire la tela para alinear la orilla sin coser de la costura recortada con la cuchilla. Inserte la aguja en la orilla cosida. Baje el prensatelas y siga cosiendo.

Cómo quitar puntadas

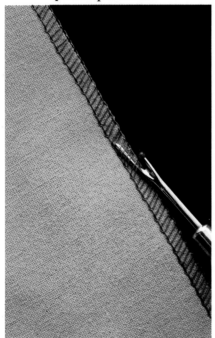

Puntada de 2 hilos. Corte los hilos deslizando el descosedor o la hoja de las tijeras por debajo de las puntadas. Quite los hilos cortados.

Puntada de 3 hilos o de 4 y 3 hilos. Corte los hilos de la aguja cada tres o cuatro puntadas, trabajando por el lado de arriba de la costura. Jale los dos hilos de los ganchillos hacia afuera de la orilla. Quite los hilos cortados.

Puntada de 4 y 2 hilos. Trabaje por el revés y jale el hilo del ganchillo para desbaratar la cadeneta. Quite los hilos del sobrehilado como se describe para la puntada de 2 hilos, a la izquierda.

Técnicas rápidas

Tres maneras de coser el mismo patrón

Los tres vestidos (derecha) fueron hechos con el mismo patrón, pero cada uno se confeccionó utilizando un método diferente. Se utilizaron las técnicas normal, la de ahorro de tiempo y la de costura overlock. Compare estas técnicas en las páginas 56 y 57.

Aun cuando puede confeccionar con éxito utilizando los métodos de costura que vienen en las hojas de instrucciones de los patrones, éstos no son los únicos que puede usar. Por lo general, las hojas de instrucciones de los patrones no presentan los utensilios, artículos de mercería y equipo que ahorran tiempo ni tienen en cuenta el estilo personal de cada persona ni su manera predilecta de ahorrar tiempo. La mayoría de los principiantes siguen las instrucciones al pie de la letra. Conforme se tiene más experiencia, es natural que se creen maneras propias de unir una prenda.

Siéntase en libertad de no seguir las instrucciones del patrón utilizando otros métodos. Si la prioridad es ahorrar tiempo, sustituya todo por las técnicas para ahorrar tiempo, o combínelas con las comunes. También puede modificar el orden de los passos a seguir en la confección para aprovechar el método de costura plana y trabajar en una o más partes de la prenda al mismo tiempo para mayor eficacia.

Las instrucciones normales de los patrones organizan también la confección de la prenda en unidades que corresponden a las principales partes de la prenda. Para un vestido, las unidades son el corpiño, las mangas y la falda. Antes de empezar con una unidad, se termina la anterior.

Para confeccionar una prenda en la menor cantidad de tiempo, organice los pasos de costura por tarea o clase de actividad; esto mantiene en el mínimo las interrupciones que le hacen perder tiempo. Ponga todas las entretelas fusionables como primer paso. Después cosa, trabajando en todas las áreas de la prenda, hasta que tenga que detenerse a planchar todo lo cosido. Continúe cosiendo y planchando lotes de trabajo hasta terminar la prenda. Este método difiere de las instrucciones normales, que indican completar una parte de la prenda antes de pasar a la siguiente.

Practique también las técnicas industriales de costura continua y costura plana. Para la costura continua, acomode las partes de la prenda y cósalas una tras otra sin parar. En la costura plana, la costura vertical final de una sección es el último paso, a fin de facilitar el manejo de las secciones.

Los métodos de costura comunes incluyen las aberturas continuas forradas en los puños; costuras planas, que se planchan abiertas y quedan rectas; entretelas que se cosen; y botones cosidos a mano. Éstas son las técnicas tradicionales que se proporcionan en las instrucciones del patrón y que son familiares para la mayoría de las personas que cosen.

Las técnicas que ahorran tiempo facilitan la confección. Para la colocación del patrón, las bolsas se cortan junto con la falda y las vistas del frente junto con el corpiño. Otras maneras de trabajar más aprisa incluyen las entretelas fusionables, el dobladillo sobrehilado y los botones cosidos a máquina. La abertura de las mangas se coloca en la costura y los puños pre-formados requieren menos pasos de costura. Al seleccionar las telas teniendo en cuenta el ahorro de tiempo, se elimina la necesidad de hacer un acabado en las costuras.

Las técnicas de overlock acortan aún más el tiempo de costura Los dobladillos con overlock y los enrollados sólo requieren minutos para coserse y no necesitan otro acababdo en la orilla cortada. Se utilizan técnicas especiales de overlock para las aberturas en las mangas; se suprime la vista del cuello en la espalda y se utiliza el método de overlock de un solo paso para fijar el elástico en la cintura. Los métodos de costura plana facilitan el manejo de la partes de la prenda.

Comparación de las técnicas de costura

| Costuras y acabados de costuras | Entretela | Puños y abertura |

Convencional

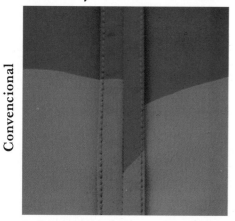

En las costuras planas, las orillas se voltean hacia abajo y se cosen.

La entretela se cose siguiendo las instrucciones en el patrón.

La abertura tiene un forro continuo y el puño se cose con sobrepespunte siguiendo las instrucciones del patrón.

Rápida

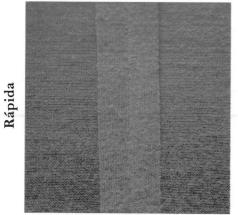

En las costuras planas en telas de punto, no hace falta acabar las orillas.

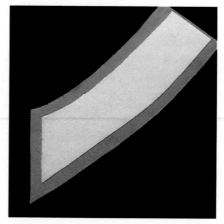

Ponga entretela fusionable en las vistas del cuello y del frente (página 74).

La abertura del puño queda en la costura; en el puño se pone entretela fusionable (página 72).

Con overlock

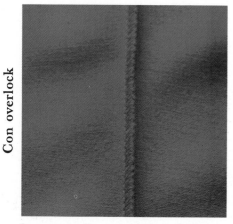

Las costuras llevan overlock de 3 hilos, se cosen y acaban en un solo paso (página 68).

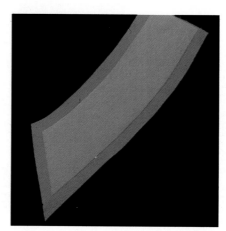

Se pone entretela fusionable en la abertura del frente y en el cuello (página 74).

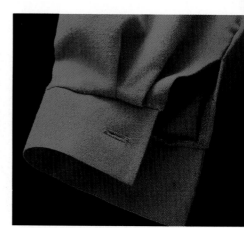

El corte de la abertura se cose con overlock, igual que el puño (página 73).

Abertura del frente y vistas	Cintura	Dobladillo

Las vistas llevan un bajopespunte. Los botones y broches se cosen a mano; los ojales se hacen a máquina.

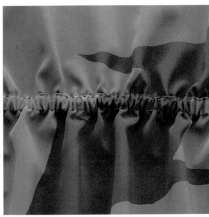

El resorte se inserta en una jareta separada, siguiendo las instrucciones en el patrón.

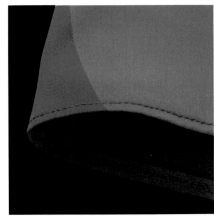

Se hace un dobladillo angosto, se voltea hacia abajo y se cose otra vez.

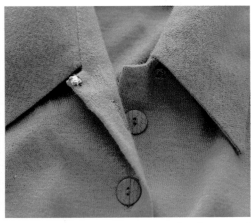

La vista se corta en una sola pieza con el frente (página 59). Los botones y broches se cosen a máquina (página 96); los ojales se hacen a máquina.

El resorte se inserta en una jareta simplificada, se suprimen el ribete en las orillas y el sobrepespunte.

Se hace un dobladillo angosto con un sobrepespunte de dos agujas (página 87).

Se suprime la vista posterior del cuello y la orilla del escote trasero se hace con overlock (página 77). Los botones y broches se cosen en la máquina de coser convencional (página 96).

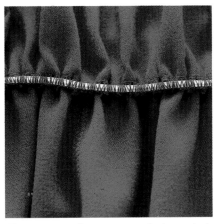

El resorte se aplica con puntada de overlock (página 85).

El dobladillo se enrolla, cose y recorta en una sola operación (página 91).

Colocación de los patrones para ahorrar tiempo

La colocación del patrón no tiene por qué llevarle mucho tiempo si utiliza algunas maneras rápidas. Cuando use las mismas piezas del patrón para cortar más de una tela, ponga una sobre otra en capas iguales y córtelas al mismo tiempo. Puesto que la colocación de un patrón sustituye a dos o más hechas por separado, esta técnica puede reducir a la mitad el tiempo de colocación y corte.

Doble la tela con los lados del derecho juntos para la colocación. Después de cortarla, algunas orillas como las de las costuras centrales del trasero quedan listas para la costura. No se preocupe porque el grano diagonal de sus telas esté perfecto, a menos que requiera orillas cuadradas para cortar labores como los lienzos de una cortina. Simplemente junte los orillos y sosténgalos juntos. Deje que la tela caiga sobre la superficie de corte y alise cualquier arruga hacia el doblez de la tela.

Utilice pocos alfileres. Si la tela es resbalosa, un alfiler sobre la flecha que marca la dirección y uno en cada esquina de la pieza del patrón serán suficientes. Para acortar aún más el tiempo de colocación, utilice alfileres de cabeza, o pesas, en lugar de alfileres comunes, clavados perpendicularmente a la tela, para mantener unidos el patrón y la tela sobre la superficie de corte.

Acomode las piezas con orillas derechas, como puños y pretinas, con un lado sobre el orillo. Esto le proporciona una orilla con acabado que le da más rapidez a la confección.

A fin de eliminar costuras innecesarias, siempre que sea posible junte las piezas que tengan orillas rectas. Los bolsillos en las costuras laterales pueden juntarse al frente y al trasero; una vista del frente se puede unir al patrón del corpiño. Esta manera rápida puede requerir más tela y sólo es adecuada si va a cortar las vistas o los bolsillos de la misma tela. En las telas pesadas o texturizadas, utilice el método normal y corte por separado los bolsillos y las vistas de una tela para forro a fin de reducir el volumen.

Aproveche los orillos

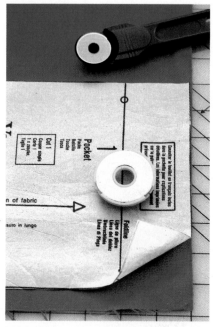

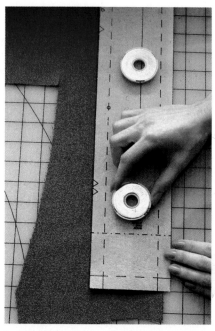

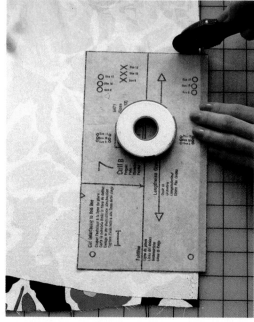

Acomode la orilla recta de una bolsa de parche con forro de la misma tela sobre el orillo. Éste proporciona una orilla acabada y estabiliza y refuerza la abertura del bolsillo.

Acomode la orilla sin muescas de una pretina a 6 mm (1/4") del orillo para simplificar la confección. De este modo no tendrá que voltear la orilla hacia abajo, con lo cual elimina volumen. El acabado del lado derecho se hace con sobrepespunte o cosiendo en la unión de las costuras.

Acomode el puño de la blusa de modo que la orilla interior quede a 6 mm (1/4") del orillo. Al forrar con la misma tela, no se requieren pasos posteriores para el acabado más allá de un sobrepespunte o unas puntadas en la unión de las costuras, hechas desde el lado derecho.

Varias capas de tela para acomodar el patrón

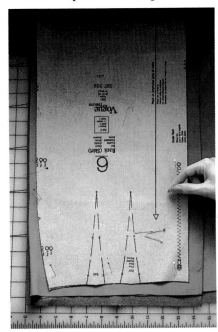

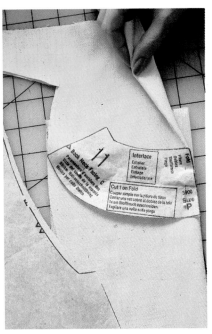

Cuando la tela de la prenda y la del forro tengan el mismo ancho, encímelas bajo el patrón para cortar las dos al mismo tiempo. Clave los alfileres en la superficie de corte a través del patrón y todas las capas de tela. Recorte el sobrante en el dobladillo del forro después de recortar el patrón.

Corte dos prendas de un patrón al mismo tiempo. A fin de facilitar el manejo, coloque las telas más resbalosas o de menor peso en la parte superior. Este método requiere que todas las telas sean del mismo ancho.

Corte primero las piezas grandes del patrón. Después deslice por debajo la tela de la entre- tela antes de cortar cuellos, puños y bolsas de parche que necesitan entretela. Recorte las entretelas fusionables a 3 mm (1/8") de las lí- neas de costura antes de ponerlas.

Acomodo de piezas que se cortan juntas

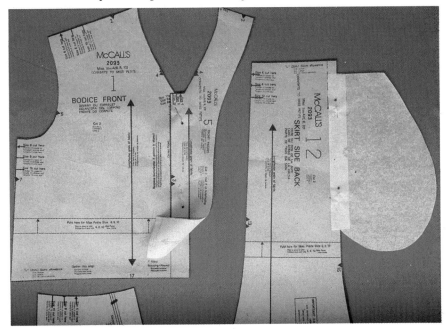

Coloque las costuras rectas, como la del centro en la parte trasera del corpiño o fal- da, poniendo la línea de corte sobre los ori- llos. Así no requiere acabado en la orilla. Haga pequeños cortes en la pestaña de las prendas lavables para evitar que encojan.

Encime el patrón de las bolsas sobre el patrón del frente de la falda de modo que las líneas de costura y las marcas coincidan. Deténgala en su lugar con alfileres o con cinta. Haga un duplicado del patrón de la bolsa y encímelo sobre el patrón del trasero de la falda. Encime la vista del frente sobre el frente del corpiño de modo que las líneas de costura y las muescas coincidan. Sujételas con cinta o alfileres y manéjelas como si fueran una sola pieza a la hora de acomodar el patrón. Posiblemente requiera tela adicional para cortar de esta manera.

Corte y marcación

Ya sea que utilice una cuchilla rotatoria o unas tijeras de modista para cortar un patrón, asegúrese de que las orillas de corte estén afiladas y limpias. Limpie la cuchilla o las hojas con alcohol para quitar la pelusa y los residuos, sobre todo si cortó recientemente telas sintéticas. La pelusa se acumula en los instrumentos de corte desafilándolos.

A fin de facilitar el manejo, corte primero las piezas grandes del patrón y después las pequeñas. No haga caso de las muescas; corte derecho sin detenerse a cortar el contorno. Conforme corte las diferentes secciones del patrón, júntelas a un lado una sobre otra. Después márquelas todas juntas, utilizando los métodos de corte, alfileres y gis, hilvanado rápido, planchado o de la cinta adhesiva. Si es conveniente utilice más de un método para marcar cada prenda.

Conforme marque cada sección, quite todos los alfileres menos uno. Encime las piezas del patrón con la tela en el orden que las vaya a coser. La última parte que va a coser debe quedar hasta abajo. Las áreas con detalles como entretelas, deben quedar hasta arriba de modo que el primer paso de costura sea unir la entretela.

Cómo marcar con cortes

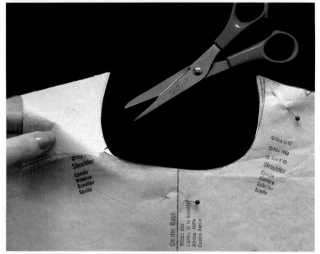

Muescas y puntos. Haga pequeños cortes en la pestaña a fin de marcar las muescas y otras señas de la línea de costura, como el centro del delantero o de la espalda. No corte más de 3 mm (1/8") para no debilitar la pestaña de la costura. Haga un corte en la parte superior de una muesca doble y el centro de una triple a fin de ahorrar tiempo, a menos que las muescas indiquen si es pieza del frente o de la espalda, como sucede con las muescas en las sisas.

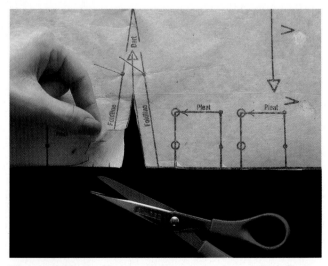

Pinzas y tablones. Haga pequeños cortes en la pestaña de la costura para señalar las líneas de costura en el extremo de las pinzas. Para coser, junte los cortes e inserte la aguja de la máquina en esta marca. Señale el fin de la pinza y las líneas de los tablones que se sobreponen con marcas similares.

Cómo marcar con alfiler y gis

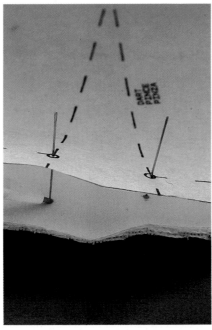

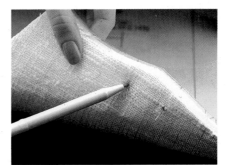

1) Clave el alfiler verticalmente a través del patrón y ambas capas de tela en las marcas de los patrones. Utilice alfileres rectos de cabeza pequeña o sustitúyalos por agujas.

2) Levante cuidadosamente el patrón, separándolo de la tela. Marque la capa superior de la tela donde puso los alfileres con una pluma especial, gis o alfiler. En las telas ligeras, sostenga brevemente el plumón lavable en un solo lugar para marcar ambas capas a la vez.

3) Voltee las capas de tela para marcar la capa inferior en el sitio del alfiler. Separe las capas de tela. Prenda la pinza o el pliegue para coserlo inmediatamente.

Cómo marcar con hilván rápido, planchado y cinta

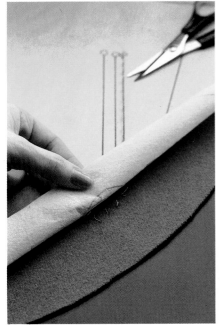

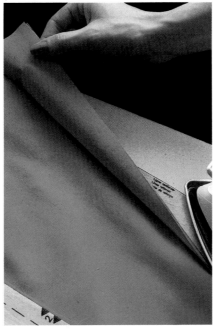

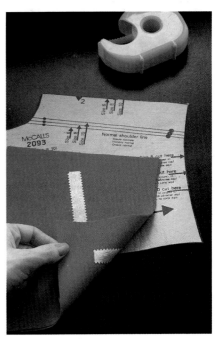

Hilvanado rápido. Ajuste la máquina para que haga marcas de sastre o utilice la puntada más larga y afloje la tensión. Cosa a través del patrón y una sola capa de tela para marcar las líneas de colocación de detalles como los bolsillos. Corte las puntada a intervalos regulares para poder levantar el patrón.

Planchado. Doble el patrón y una sola capa de tela a lo largo de la línea señalada para el doblez, el pliegue o la tabla. Planche con plancha seca para marcar la tela. Hágalo ligeramente para evitar dejar una marca permanente, especialmente en telas sintéticas.

Cinta. Utilice cinta despegable para señalar el revés de las telas cuando el derecho y el revés sean difíciles de distinguir a simple vista. No ponga la cinta en las áreas de costura.

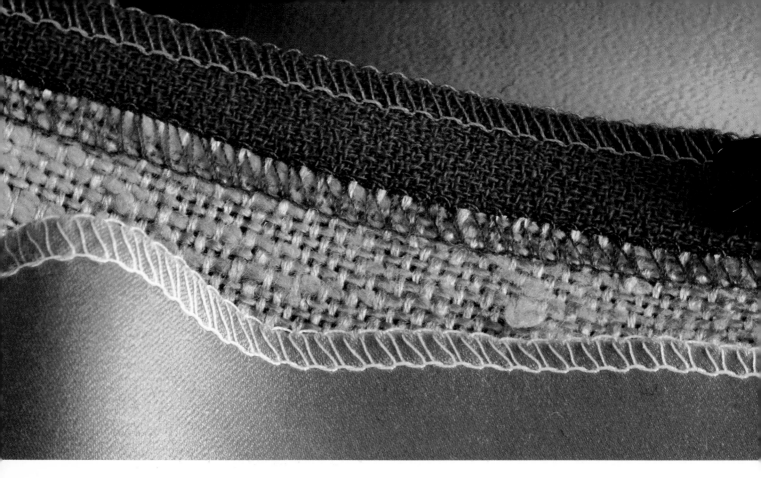

Acabado de las orillas con overlock

En las máquinas de overlock se hacen rápidamente acabados impecables en las orillas cortadas de costuras que se planchan abiertas y de dobladillos que se cosen a mano o a máquina. Utilice una máquina de overlock de 4 y 2 hilos para acabar las orillas quitando la aguja del lado izquierdo y el hilo del ganchillo inferior. La máquina forma un sobrehilado en la orilla sin hacer la cadena. Si la máquina es de 4 y 3 hilos, quite una de las agujas; al hacer el overlock con tres hilos en lugar de cuatro obtiene un aca-

bado menos voluminoso en la orilla y economiza hilo. Una máquina overlock de 3 hilos se puede usar para acabar las orillas sin modificarla. Una de 3 y 2 hilos se puede utilizar de la misma manera que una de 3 hilos para sobrehilar o modificarla para que haga una puntada con 2 hilos.

Acabe las orillas cortadas en la máquina de overlock antes o después de hacer las costuras. Haga el acabado después de coser si

Cuatro maneras de usar el overlock para acabar orillas

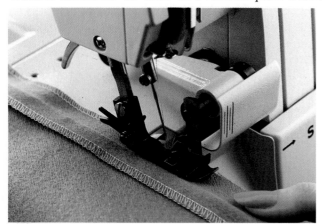

Acabe las costuras con puntada de overlock en las orillas cortadas. Coloque la orilla cortada de la pestaña de modo que las cuchillas dejen suficiente pestaña. Acabe cada pestaña por separado.

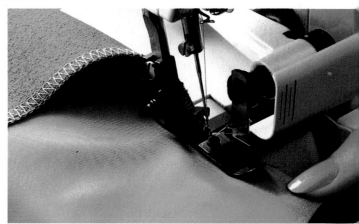

Forre las piezas de su prenda ribeteando las orillas antes de coser. Coloque la pieza de la prenda y el forro juntando el revés de ambas, acabe las orillas cortadas las dos capas en un solo paso con la máquina de overlock.

tiene pestañas con el ancho suficiente para hacer los ajustes. Puede utilizar la característica de recorte de la máquina de overlock para que todas las costuras resulten uniformes. Haga el overlock antes de coser si trabaja con una tela que se deshilache, como el lino o los tejidos abiertos. La pestaña no se pierde aunque maneje mucho la tela al irla cosiendo. También haga el overlock antes de coser si va a forrar una pieza de la prenda. Suprima el paso de hilvanar las capas juntas, que le lleva mucho tiempo, y acabe las orillas cortadas de ambas telas de una sola vez.

Utilice una puntada de overlock ancha y larga para evitar sobrecargar la orilla cortada con demasiado hilo. Si lo hace en exceso, las puntadas se verán como surcos por el lado derecho de la prenda cuando la planche.

Evite que la orilla se deshilache en los tejidos abiertos o gruesos sobrehilando las orillas antes de coser. Sobrehile cada pieza inmediatamente después de acomodar y cortar la prenda para evitar que las pestañas se reduzcan durante la confección.

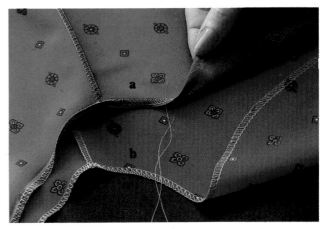

Prepare los dobladillos para coserlos haciendo overlock en las orillas cortadas. En los faldones de las camisas (**a**) u otros dobladillos curvos, las puntadas de overlock se adaptan automáticamente a la curva. Para camisas y blusas que no se usen por fuera (**b**), haga overlock en la orilla y suprima el dobladillo para que le quede una orilla plana y sin bordes.

Costuras

Si seleccionó adecuadamente la tela puede aprovechar varias técnicas rápidas para coser y acabar las costuras.

Evitar detenciones y empiezos inútiles, adoptando las técnicas industriales. En lugar de coser hacia atrás, inicie y termine las costuras con puntada corta; después alargue la puntada para hacer la costura. Utilice la puntada más larga que sea adecuada para la tela. También acomode las secciones de la prenda y cosa continuamente una tras otra sin cortar los hilos entre una costura y otra.

Practique coser sin alfileres; cada vez que se detiene para quitar los alfileres, pierde tiempo. Adquiera el hábito reduciendo gradualmente el número de alfileres que utiliza en las costuras. Al principio notará que los tramos cortos, como las costuras de los hombros, son más fáciles de manejar que las costuras más largas. Las prendas infantiles donde todas las costuras son cortas, resultan proyectos adecuados para practicar esta técnica.

Si desea mantener las costuras con un ancho uniforme, observe la orilla del prensatelas o la orilla de la tela conforme va cosiendo, no se fije en la aguja. Guíe la orilla de la tela siguiendo las marcas de la costura en la placa del transportador o use una guía de pespunte o una guía magnética de costura, si le cuesta mucho trabajo hacer costuras uniformes.

Las orillas cortadas en picos (1) son la forma más simple y elemental de terminar las costuras. Recorte las orillas después de hacer la costura, pero antes de planchar, para que pueda recortar ambas orillas a la vez. La puntada de zigzag de tres pasos (2) es otro acabado rápido, aunque las puntadas pueden hacer un surco en las telas delicadas. Para mantener la elasticidad en los tejidos de punto elástico, utilice una puntada para sobrehilar (3) en lugar de una de zigzag. Use una orilla con ribete de tul (4) en las telas que tienden a deshilacharse o cuando quiera dar un acabado rápido al interior de una chaqueta sin forrar. La cinta de bies de tul se compra en rollos ya lista para usarse.

Acorte el tiempo de costura

Acorte el largo de la puntada al principio y al final de la costura en vez de hacer pespunte hacia atrás. Haga varias puntadas cortas; después alargue la puntada para hacer la costura. Las puntadas cortas sostienen firmemente y no se separan.

Cosa en forma continua de una pieza a otra, sin cortar el hilo entre una y otra. Cosa al hilo de la tela siempre que sea posible, por lo general de la parte inferior de la pieza hacia arriba.

Corte los hilos con unas tijeras cortahilos o detenga las hojas de las tijeras entre el pulgar y los dos primeros dedos para cortar con un simple movimiento hacia arriba.

Cómo hacer costuras sin alfileres

1) Haga que las orillas cortadas queden juntas al principio de la costura. Seleccione una puntada corta y haga varias puntadas. Deje de coser, con la aguja en la tela y el prensatelas abajo.

2) Haga que las orillas cortadas queden juntas al final de la costura y sosténgalas con la mano derecha. Con la mano izquierda, junte las orillas a intervalos de 15 cm (6") a lo largo de la costura y dóblelas en la mano derecha.

3) Sostenga las capas de tela doblada con la mano derecha, soltando los pliegues de uno en uno conforme la mano izquierda desliza la tela hacia el prensatelas para hacer la costura. Vaya abriendo los dedos de la mano izquierda sobre la tela para controlar el deslizamiento de las capas de tela.

Trucos para recortar y reforzar las costuras

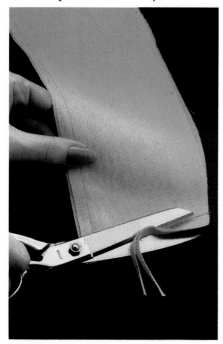

Recorte y desvanezca las pestañas en un solo paso sosteniendo las hojas de las tijeras en ángulo. Las orillas desvanecidas disminuyen el grueso de las costuras ocultas, como en los cuellos y las vistas.

Utilice tijeras para ribetear con picos cuando recorte las pestañas de costuras curvas en lugar de recortar y ribetear por separado. Las orillas ribeteadas con picos se extienden permitiendo que las pestañas sigan la curva.

Añada cinta de algodón de 6 mm (1/4") a las costuras que de otro modo necesitarían una segunda hilera de puntadas de refuerzo, como las de las sisas de las chaquetas tipo sastre, las costuras de los hombros en las telas de punto y el área de la sisa en las mangas raglán.

Cómo aplicar ribete de tul

1) Haga un corte en el paquete de plástico y jale el ribete de tul a través de la abertura para hacer un práctico despachador. La tira de tul tiende a desenrollarse y se enreda, a menos que lo guarde de este modo.

2) Doble el ribete de bies a lo largo sobre la orilla de la costura. Estírelo ligeramente conforme cose con puntadas rectas o con zig-zag de ancho medio. Esta cinta se acomoda automáticamente sobre la orilla, de modo que no hace falta prenderla con alfileres.

3) La plancha debe estar tibia. Las temperaturas altas pueden derretir el tul. Esta cinta es lo bastante transparente para mezclarse con el color de la tela y, como es ligera, no agrega volumen. Proporciona un acabado rápido para prendas no forradas.

Costuras con overlock

Las máquinas de overlock hacen costuras angostas con orillas ribeteadas de hilo. Conforme la máquina cose, las cuchillas recortan automáticamente la pestaña a un ancho regular de 1.5 cm (5/8") o hasta de 3 mm a 1 cm (1/8" a 3/8"), según el ancho que se escoja. Las costuras de overlock se planchan a un lado. La excepción de esto es la costura plana con overlock, costura decorativa que se hace del lado derecho de la prenda. La orilla cortada de la costura queda debajo de la línea de puntadas.

Es posible confeccionar completamente una prenda en una máquina de overlock o utilizar una combinación de costuras convencional y con overlock en una misma prenda. En cualquier caso, asegúrese de hacer los ajustes necesarios antes de coser. Después de hacer el overlock queda poca pestaña para hacer algún ajuste en caso de que la prenda estuviera muy apretada.

Las máquinas de overlock dejan pasar la tela de modo parejo, sin permitir que se muevan las capas de tela, de modo que, por lo general, es posible coser sin alfileres, hilvanado o cualquier otra preparación que lleve demasiado tiempo. Simplemente sostenga las capas en la posición deseada y cósalas. Si las costuras tienen áreas curvas o desvanecidas, haga cortes pequeños o marque con pluma las orillas cortadas para indicar los lugares en que las capas deben coincidir. Cosa de un juego de marcas al siguiente, sosteniendo las capas juntas frente al prensatelas conforme cose.

Si es necesario asegurar las capas de tela de modo más firme, utilice cinta para hilvanado o pegamento. Aplique cualquiera de los dos a las orillas exteriores de las partes de la prenda, cortadas con pestañas comunes de 1.5 cm (5/8"). El área que tenga la cinta o el pegamento se recortará automáticamente al hacer la costura. Evite usar alfileres porque dañan las cuchillas de la máquina de overlock.

Las costuras de overlock resultan muy bien en muchas telas, pero tal vez prefiera la seguridad de contar con pestañas mayores en los tejidos abiertos y en otras telas frágiles. Quizás también prefiera una costura convencional para tener un acabado más firme en las prendas estilo sastre. En estos casos, haga las costuras en una máquina convencional. Haga lo mismo para tener pestañas del ancho suficiente que permita la inserción de un cierre.

Costuras con overlock

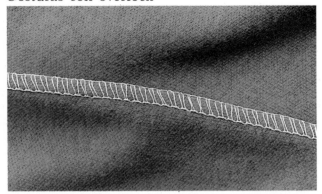

La costura de tres hilos se estira para obtener un acabado liso en las telas tejidas o de punto. Esta costura versátil es adecuada para telas ligeras o semi-pesadas en blusas, vestidos, faldas, pantalones y ropa interior. También puede usarse en tejidos elásticos para trajes de baño y ropa para deportistas.

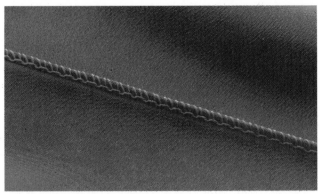

La costura enrollada de 3 hilos hace una línea de costura muy delicada en telas transparentes, telas sedosas delgadas y otras de peso ligero. La puntada se logra apretando la tensión del ganchillo inferior a fin de que la orilla cortada se enrolle hacia abajo. Ajuste las tensiones y el largo de la puntada como para un dobladillo enrollado de 3 hilos (página 91). Para obtener una costura fuerte y flexible, por lo general funciona bien una puntada de 2 mm de largo.

La costura de 4 y 3 hilos se estira menos que la de 3 hilos. El cuarto hilo le agrega una hilera adicional de puntadas estabilizando la costura. Resulta especialmente práctica para telas de punto firmes y prendas tejidas sujetas a desgaste y estiramiento.

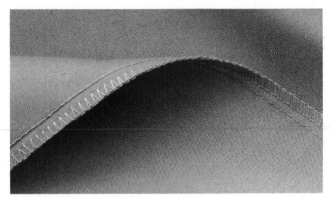

La costura de 4 y 2 hilos utiliza una cadena de 2 hilos y un sobrehilado de 2 hilos para hacer un overlock más ancho. A causa de que esta costura no es elástica, resulta más útil en costuras largas, rectas, como las de cortinas y pantalones de mezclillas. También se usa para otros tipos de pantalones, vestidos y ropa para dormir.

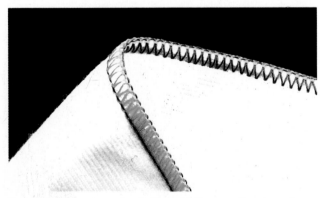

La costura plana con overlock de 3 hilos se utiliza para efectos decorativos, pero también tiene otras aplicaciones porque reduce el volumen. Puede hacerse en modelos de máquina de 4 y 3 hilos o de 3 y 2. Afloje la tensión de la aguja y apriete las tensiones del ganchillo inferior, de manera que todos los hilos se entrelacen en la orilla cortada. El ganchillo superior también puede necesitar mayor tensión.

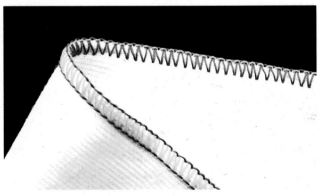

La costura plana de 2 hilos con overlock puede hacerse en un modelo de 4 y 2 hilos. Modifique la máquina para sobrehilar con 2 hilos quitando la aguja izquierda y los hilos del ganchillo superior. Ajuste las tensiones de modo que las puntadas se entrelacen en la orilla cortada de la tela. Consulte el manual para hacer los ajustes.

Cómo hacer costura plana decorativa con overlock

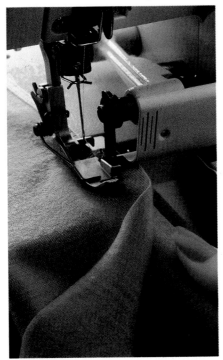  

1) Junte el *revés* de ambas piezas de su prenda. Cosa con la aguja sobre la línea de costura para que la pestaña se corte.

2) Jale las capas de tela separándolas para aplanar la costura. Las orillas cortadas de la tela quedan planas bajo los hilos entrelazados. La costura es lisa y plana por el derecho.

3) Planche, si lo desea. Por el derecho aparece una guía de los lazos de la puntada. La escalera de puntadas horizontales se aprecia en el revés.

Usos especiales para la costura plana con overlock

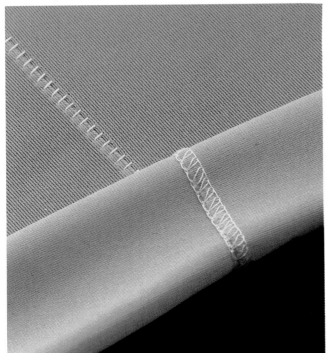 

El tejido de punto se cose con costura plana de 2 ó 3 hilos, poniendo los lados del derecho juntos, para que la escalera de puntadas se vea desde el derecho de la prenda. Este acabado plano evita que las costuras de la ropa interior se vean como bordes bajo la ropa.

Los tejidos de suéter se hacen con costura plana de 2 ó 3 hilos, poniendo los lados del derecho juntos para que la escalera de puntadas se vea en el lado derecho de la prenda. La escalera de puntadas se hunde en la textura tejida y hace que la costura sea casi invisible. La guía en el revés de la tela sirve para asegurar los puntos cortados o sueltos en los tejidos de suéter.

Mangas, aberturas y puños

Existen varias alternativas que ahorran tiempo para el puño y la abertura comunes en las mangas. Utilice la costura de la manga como abertura para la aletilla y elimine los pasos de costura adicionales. Puede omitir la abertura y el puño en mangas ligeramente amplias o derechas, terminando la orilla inferior con un pliegue. Por el derecho de la prenda cosa botones decorativos sobre el pliegue.

Una variante del pliegue abotonado puede utilizarse en lugar de la abertura de la manga común en una chaqueta estilo sastre o como sustituto para un puño y la abertura en la manga de una blusa. Si suprime los puños, alargue el patrón de la manga lo suficiente para que equivalga al largo que tendría con todo y puño más 3.8 cm (1 1/2") para el dobladillo.

Utilice las técnicas de costura plana para montar las mangas en la blusa antes de coser la sisa. Ahorre tiempo al insertar otros tipos de mangas utilizando una combinación de métodos de costura plana y confección de piezas circulares. Utilice la técnica de línea de producción para darle forma a la copa de una manga en una máquina de coser sin hilo. No es necesario que haga la puntada para desvanecer y sólo se necesitan unos cuantos alfileres para obtener una manga sin arrugas, lisa y bien montada, pero sí necesita cierta destreza manual. Este método da mejores resultados en telas con cuerpo y en patrones de mangas que tengan un mínimo de desvanecido, como las mangas con hombros caídos y las de camisa.

Cómo insertar una manga de camisa sin desvanecer

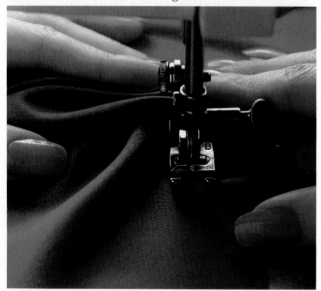

1) Quite el hilo de la aguja de la máquina. Meta la aguja en la línea de costura en una muesca. Cosa alrededor del hombro de la manga de una muesca a otra, con los dedos índices firmemente apoyados detrás del prensatelas. La tela se amontona detrás del prensatelas, haciendo que el hombro de la manga se pliegue. Con los pulgares guíe la tela bajo el prensatelas.

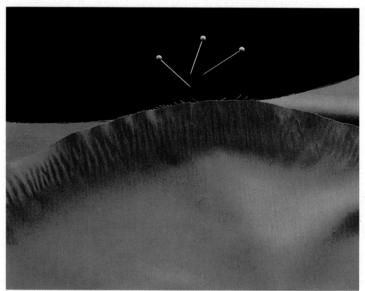

2) Prenda la manga plegada a las costuras del hombro, juntando las muescas, con ambas telas por el derecho. El hombro de la manga ya quedó redondeado, con la forma desvanecida.

Cómo hacer dobladillo con tablón en una manga

1) Pruébese la manga para determinar el ancho sobrante en la muñeca; prenda un pliegue del lado opuesto a la costura de la manga. Asegúrese de que la abertura sea lo suficientemente grande para su mano.

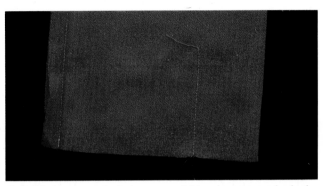

2) Doble la manga desde la costura del hombro marcando desde el hombro hasta la costura inferior, con el revés hacia afuera. Cosa sobre la línea marcada con alfileres de 5 a 7.5 cm (2'' a 3'') de la orilla inferior de la manga.

3) Forme el tablón centrando la costura y distribuyendo la tela en forma simétrica. Planche.

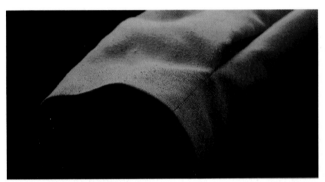

4) Haga la costura de la sisa. Cosa después el costado del corpiño. Utilice una puntada continua de una costura a la siguiente. Planche.

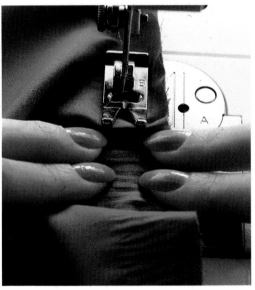

3) Empiece a coser en la muesca con la manga hacia arriba, guiando la parte arrugada de la manga con los dedos conforme va cosiendo. Deje de coser en la otra muesca.

4) Haga la costura de la sisa. Cosa después el costado del corpiño. Utilice una puntada continua de una costura a la siguiente. Planche.

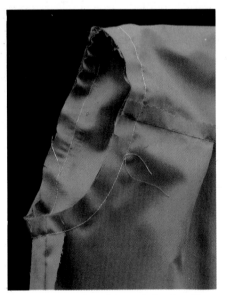

5) Cosa la porción abierta de la sisa. Con esta secuencia obtiene una separación marcada en la sisa de la manga, lo que le da un acabado de calidad y la manga ajusta bien.

Tres aberturas rápidas

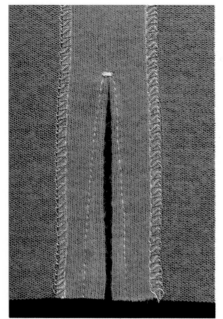

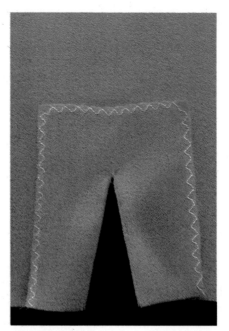

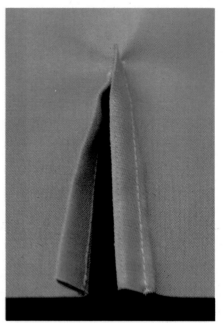

Abertura en la costura. No cosa los últimos 7.5 cm (3") de la manga para la abertura del puño. Sobrehile con overlock las orillas de la abertura o voltéelas hacia abajo 6 mm (1/4") y planche. Sobrehile la abertura; ajuste la máquina para hacer puntadas de refuerzo en la parte superior de la abertura.

Abertura con vista. Corte una vista rectangular para la abertura 2.5 cm (1") más grande que la abertura misma. Cosa las orillas con overlock o voltéelas hacia abajo 6 mm (1/4") y sobrehile. Con los lados del derecho juntos, cosa la vista a la manga siguiendo la línea y planche.

Abertura con forro continuo y doblez. Corte una vista de 2.5 cm (1") de ancho del largo de la abertura, con una orilla en el doblez. Planche el doblez a 1 cm (3/8") de la orilla. Cosa la vista a la abertura con los derechos de la tela juntos, con una costura de 6 mm (1/4"). Doble la vista sobre la costura. Haga un pespunte en la orilla del doblez.

Cómo hacer una aletilla simulada (método del pliegue abotonado)

1) Pruébese la manga terminada, con el derecho hacia afuera, para marcar el doblez. Asegúrese de que la abertura de la manga es bastante ancha para que pase la mano.

2) Haga un ojal en el pliegue, a través de todas las capas de tela. Cosa el botón abajo.

Otro método. Suprima el ojal; cosa de uno a tres botones a través de todas las capas de tela para sostener el pliegue en su lugar. Este procedimiento es más rápido, pero cierra el pliegue permanentemente.

Cómo utilizar entretela pre-formada en la costura interior de la abertura de los puños

1) Póngale entretela al puño con entretela fusionable. Doble y planche el puño sobre la línea de ranuras, planchando la pestaña con la entretela hacia el interior.

2) Cosa y recorte las orillas cortas del puño. Voltéelo hacia el derecho y planche. Planche la abertura de la costura volteando la pestaña hacia el interior en la orilla inferior de la manga.

3) Prenda el lado del puño que no tiene entretela al lado del revés de la manga, antes de cerrar la costura de la manga. Las orillas del puño se extienden ligeramente más allá de la manga. Con el puño encima, péguelo a la manga cosiendo junto a la orilla doblada del puño. Recorte y desvanezca la pestaña.

4) Voltee el puño al derecho. Haga un sobrepespunte cerca de la pestaña que planchó hacia abajo. Haga la costura de la manga dejando una abertura de 7.5 cm (3''). El acabado es igual al de la abertura en la costura, que aparece a la izquierda.

Cómo pegar puños en máquina de overlock

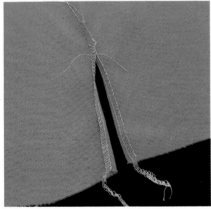

1) Cosa la abertura con overlock igual que lo hizo en las esquinas interiores y cortes (página 50). Doble los lados derechos juntos, con las orillas parejas; utilizando la máquina convencional, haga una costura de 2.5 cm (1'') cerrando en forma de pinza al final de la abertura.

2) Haga el puño. Prenda ambas capas del puño al derecho de la manga, doblando las orillas de la abertura hacia los extremos del puño. Únalo con overlock, cosiendo todas las capas de tela.

3) Voltee el puño hacia el derecho, doble y planche las orillas de la abertura hacia adentro. Si lo necesita para obtener una orilla bien definida, ponga una tira de entretela fusionable de 6 mm (1/4'') debajo de los dobleces de la abertura.

Cuellos y vistas

Conforme cosa los cuellos y las vistas, verá que las entretelas fusionables y los métodos rápidos de costura a máquina le permiten saltar algunos pasos de la costura convencional. Estas formas rápidas no se notan por el exterior de la prenda, de modo que usted ahorra tiempo sin disminuir la calidad.

Elimine los acabados en las orillas extendiendo la entretela fusionable hasta la orilla. Para esto, recorte la entretela fusionable hasta 1.3 cm (1/2") en las orillas de la costura únicamente. No recorte la orilla exterior. Fusione haciendo coincidir las orillas exteriores de la vista y de la entretela. La entretela ya fusionada sella la tela a lo largo de las orillas exteriores.

Elimine la vista de la parte trasera del escote cuando haya cuellos convertibles. En lugar de una vista, cosa las orillas cortadas juntas con puntada de zigzag de tres pasos.

Cuello convertible rápido, sin vista

1) Ponga entretela fusionable a las vistas del bajocuello y del frente, recortando y fusionando como se indica arriba. Haga el cuello. Haga un pespunte sobre la línea de costura en el escote. Haga cortes en la pestaña cada 1.3 cm (1/2").

2) Prenda el cuello al escote de la prenda en el centro de la espalda, costuras de los hombros y frentes del centro. Doble cada vista del frente alrededor del cuello y sobre éste a fin de que los derechos del cuello y de las vistas estén juntos. Doble la pestaña de costura de la vista hacia abajo en las costura de los hombros. Haga la costura del escote. Recorte las esquinas diagonalmente.

Cómo coser una vista sencilla

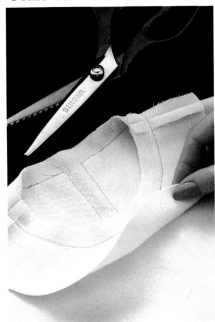

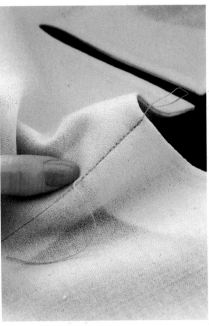

1) Haga las costuras de las vistas.. Recorte las esquinas diagonalmente y planche después las costuras abiertas. Cosa las vistas a la prenda, poniendo juntos los lados del derecho, con la prenda abajo. No hace falta hilvanar porque los dientes del transportador acomodan la prenda al tamaño de la vista.

2) Recorte la costura con tijeras para ribetear; después, cosa la vista a las pestañas de la costura. El bajopespunte hace que la vista se acomode hacia el interior de la prenda y facilita el planchado.

3) Haga un pespunte en la unión de cada costura para asegurar la vista sin entretenerse haciéndolo a mano. También puede utilizar pequeños cuadros de red fusionable entre la vista y las pestañas de la costura para mantener a la vista en su lugar.

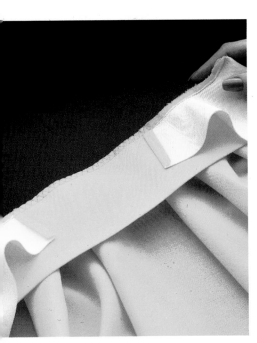

3) Acabe las orillas cortadas en la espalda del escote, entre las costuras de los hombros haciendo puntadas de zigzag a través de todas las capas. Si es necesario, recorte las pestañas de las costuras al mismo nivel antes de coser. Al hacer el pespunte hágalo cerca de las orillas para que el zigzag las sobrehile.

4) Cosa a través de la pestaña del escote y de la prenda entre las costuras de los hombros para evitar que la pestaña se voltee hacia afuera.

5) Utilice un zigzag delgado, no muy abierto para reforzar la pestaña de la costura de la vista con las pestañas del hombro a cada lado. Haga las puntadas de refuerzo de 6 mm (1/4'') de largo aproximadamente.

Cuellos rápidos con overlock

Utilice una costura fina de overlock para coser los cuellos confeccionados con telas transparentes o delgadas. Puede utilizar una costura oculta muy delgada o una costura visible enrollada. Cualquier técnicas le ahorran tiempo porque no tiene que recortar las orillas cortadas ni las curvas.

Elimine minutos del tiempo de costura aplicando los collares con la máquina overlock. Al aplicar las técnicas de overlock, puede suprimir las vistas y eliminar el recorte, desvanecido y corte puesto que el overlock recorta y sobrehila a la vez.

Cómo hacer una costura oculta con overlock

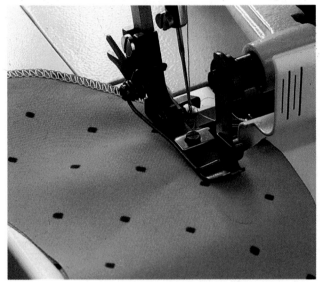

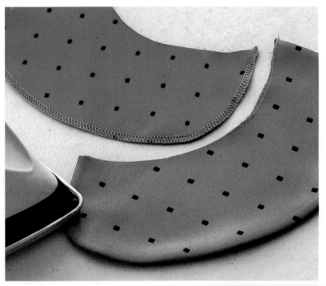

1) Haga la costura poniendo juntos los lados del derecho del cuello, recortando la pestaña de la costura con las cuchillas de la máquina overlock. Ajuste la máquina para la puntada más angosta posible y un largo de 2 mm. Apriete la tensión de los ganchillos para que las puntadas queden firmes sobre la orilla curvada.

2) Voltee el derecho del cuello hacia afuera. Doble la orilla exterior a lo largo de la costura que hizo con overlock. Planche la orilla con la punta de la plancha para que no quede marca de la costura en el derecho de la pieza. Las puntadas de overlock se curvan para aliviar la tensión a lo largo de las orillas, de modo que no es necesario hacer cortes.

Cómo coser con overlock una costura enrollada visible

Ajuste la máquina para hacer un dobladillo redondeado, enrollado, firme y fino como en la página 91. Haga la costura juntando el *revés* de ambas piezas del cuello, recortando la pestaña con las cuchillas. Las puntadas visibles forman una orilla decorativa **(a)**. Utilice una sola capa de tela para el cuello y cosa con overlock una orilla enrollada para obtener un acabado fino en telas ligeras o transparentes. **(b)**. En telas de peso medio, haga el overlock de los cuellos enrollados con torzal para ojales o hilo de nylon esponjado. Si usa hilo en un color constrastante le dará la apariencia de un ribete con cordón **(c)**.

Cómo unir con overlock un cuello plano al escote

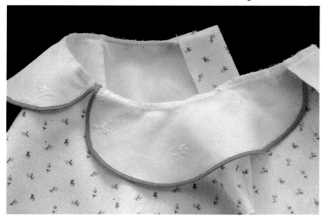

1) Ponga el cuello en la prenda, con los lados del derecho hacia arriba, juntando las marcas. Doble las vistas hacia atrás en la línea del doblez. Cosa con overlock la orilla del escote. Voltee las vistas al derecho. Planche.

2) Levante el collar y, desde el lado derecho, haga una línea de costura cerca del escote que pase a través de la prenda y de la pestaña de costura.

Cómo unir con overlock un cuello alto al escote

1) Coloque el collar con el revés hacia arriba, sobre el derecho de la prenda; haga coincidir las marcas. Doble las pestañas sobre el cuello. Cosa con overlock la orilla del escote, ocultando las cadenas de hilo al principio y al final, como en la página 49.

2) Voltee las pestañas al interior de la prenda y planche. Planche el collar hacia arriba. Para cerrar, ponga un cierre en el centro de la abertura.

Cómo unir un cuello convertible al escote con overlock

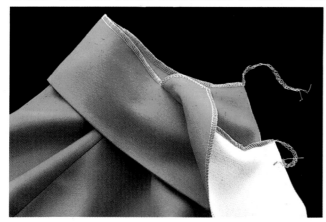

1) Prepare el cuello y cósalo como si fuera un cuello convertible, página 74, pasos 1 y 2. Doble las vistas del frente hacia atrás sobre la línea de doblez, cubriendo parcialmente el cuello. Cosa con overlock toda la orilla del escote, incluyendo las vistas.

2) Voltee las vistas con el lado del derecho hacia afuera y planche. Fije con puntadas de refuerzo en la costura del hombro.

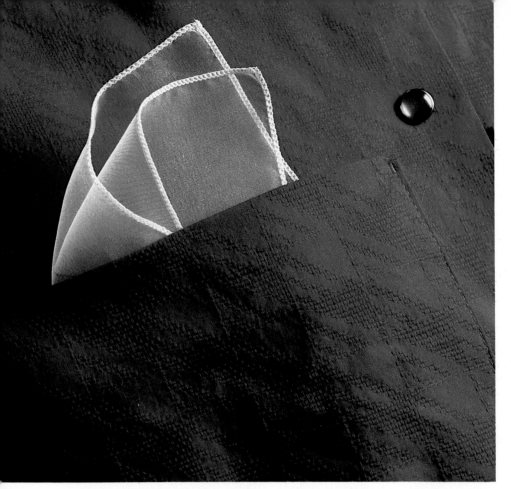

Bolsillos

Es fácil modificar los bolsillos de un patrón para que la costura sea más rápida. En lugar de bolsillos de ojal, utilice bolsillos de parche. Haga rectas las orillas redondas de las bolsas de parche o forre las bolsas con una tela ligera para ahorrar tiempo en la costura. Corte los bolsillos en la costura lateral unidos a las secciones correspondientes de la prenda para eliminar una costura; también puede combinar la costura convencional con la de máquina overlock para que la aplicación de los bolsillos laterales sea más rápida.

Bolsillo de parche rápido, forrado de la misma tela

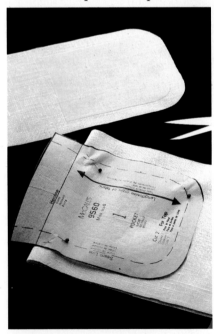

1) **Ponga** la parte superior del bolsillo sobre un doblez transversal de la tela. Corte dos piezas de tela y una de entretela para cada bolsillo. En la entretela recorte la pestaña de costura de la orilla exterior y corte el doblez. Fusione por el revés de una de las mitades del bolsillo.

2) **Doble** el bolsillo a la mitad, con los lados del derecho juntos. Cierre la costura del bolsillo, dejando una abertura pequeña en uno de los lados. Para dejar la abertura, levante el prensatelas y la aguja y deslice el bolsillo hacia atrás de la aguja. Siga cosiendo.

3) **Corte** diagonalmente la pestaña en las esquinas del bolsillo. Planche la pestaña del forro hacia el centro. Recorte las pestañas y haga pequeños cortes en las curvas. Voltee al derecho a través de la abertura. Cosa el bolsillo a la prenda como si fuera un bolsillo de parche sin forro (paso 4, página de enfrente).

Bolsillo de parche sencillo, sin forro

1) Corte la entretela fusionable para que quepa en el espacio comprendido entre la línea de doblez y la orilla cortada. Recorte la pestaña de los lados cortos de la entretela. Fusione a la vista con las orillas exteriores al mismo nivel. Al planchar se sella la orilla, de modo que no necesita hacerle un acabado.

2) Corte un cuadrado de cartón de 5 cm (2") para que le sirva de plantilla. En cada esquina acomode la plantilla sobre el lado del revés, de modo que las orillas de ésta coincidan con la línea de costura de las bolsas. Doble diagonalmente las pestaña en la esquina y después doble hacia el centro las pestañas en los lados y fondo del bolsillo para definir las esquinas. Planche.

3) Doble la vista de la misma tela hacia el revés del bolsillo. Planche. Inserte una tira de entretela fusionable entre la vista y el bolsillo y plánchela para que la vista quede fija.

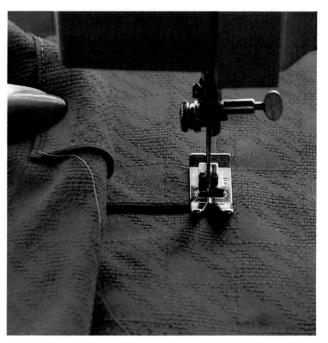

4) Ponga el bolsillo en su lugar sobre la prenda con cinta para hilvanar o entretela fusionable (página 31). Cosa por las orillas del bolsillo; refuerce las esquinas superiores del bolsillo con puntadas de zigzag.

Cómo coser los bolsillos laterales

1) Corte entretela fusionable ligera, siguiendo el patrón del bolsillo. Marque la línea de costura para la abertura del bolsillo en la entretela. Recorte 1.3 cm (1/2") de la orilla de la abertura del bolsillo. Planche para fusionarlo por el revés de la extensión del bolsillo del frente.

2) Haga un pespunte en la abertura del bolsillo, cosiendo junto a la línea de costura marcada la amplitud del bolsillo. Este pespunte refuerza la abertura del bolsillo e impide que se estire.

3) Cosa la costura lateral de la prenda hasta la marca con la parte trasera y el frente de la prenda con los lados del derecho juntos. Levante el prensatelas y la aguja y deslice el bolsillo para dejar atrás la aguja. Siga cosiendo desde la marca siguiente hasta el final de la costura.

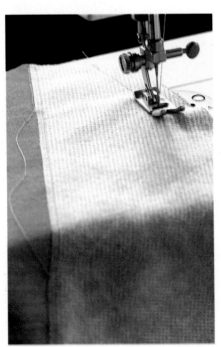

4) Cosa alrededor del bolsillo, terminando en la costura lateral.

5) Recorte la pestaña del trasero de la prenda en la parte inferior del bolsillo. Doble hacia el frente de la prenda. Planche la costura lateral abierta para recortar la pestaña. Planche el área del bolsillo.

6) El bolsillo acabado se ve como una prolongación de la costura lateral de la prenda. La entretela impide que se abra y le da cierto peso para que tenga una buena caída.

Cómo coser los bolsillos laterales (overlock y costura convencional)

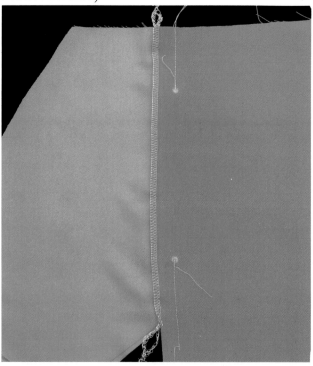

1) Cosa con overlock el frente del bolsillo al frente de la prenda, y el trasero del bolsillo al trasero de la prenda. Planche las costuras hacia los bolsillos. Corte los bolsillos de tela de forro cuando la tela sea demasiado gruesa para hacerlos de la misma tela de la prenda.

2) Utilice la máquina convencional para hacer la costura lateral desde alrededor de 7.5 cm (3") abajo de la abertura del bolsillo hasta el fondo de la abertura del bolsillo, con los lados del derecho juntos. Cosa de la parte superior de la abertura del bolsillo a la orilla superior de la pieza de la prenda.

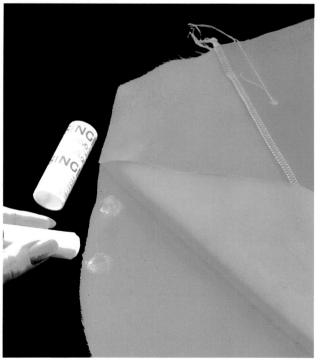

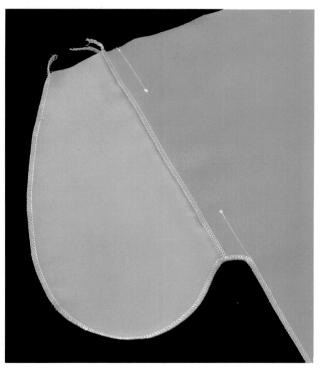

3) Hilvane los bolsillos juntos con la barra de pegamento. Esto hace que las telas para forro resbalosas, sean más fáciles de manejar.

4) Haga una costura overlock lateral, continua desde la orilla inferior de la pieza hasta la parte inferior de la abertura del bolsillo, después siga la curva del bolsillo hasta donde termina. Planche el bolsillo y la costura lateral hacia el frente de la prenda.

Pretinas y jaretas con elástico

Al utilizar materiales previamente cortados como cintas fusionables para pretina y tiras de bies hechas de tul, las pretinas y jaretas con resorte ocupan menos tiempo que con los métodos convencionales. Para adaptar un patrón al uso de materiales precortados no corte el patrón de la jareta o pretina al cortar las demás piezas. Corte la pretina después de fusionar la entretela a la tela; de hecho, la entretela se convierte en el patrón de la pretina. Utilice la prenda misma como guía para cortar una jareta de tul; no hace falta patrón para ello.

Dos clases de cinta fusionable para pretina

Con una hilera de ranuras. La pretina fusionable tiene una sola hilera de ranuras, que no se encuentran exactamente en el centro para hacer el acabado de la orilla superior de la pretina. Ponga la pretina con la porción más ancha en el interior de la prenda de modo que detenga la orilla al coser del exterior de la prenda. Esta cinta para pretina viene en dos tamaños para que el ancho ya acabada sea de 5 cm (2") y 3.2 (1 1/4"). A causa de que la entretela no se extiende hasta las pestañas de la costura, no resulta voluminosa y es especialmente adecuada para telas pesadas o semi-pesadas.

Triple ranura. Tres hileras de ranuras proporcionan una línea de doblez para las pestañas en ambas orillas y una línea de doblez al centro. La hilera central corresponde a la orilla superior de la pretina terminada. Este tipo de cinta para pretina viene en un solo tamaño para obtener un ancho final de 3.2 cm (1 1/4"). A causa de que la entretela se extiende hasta las pestañas, es especialmente adecuada para telas ligeras y transparentes.

Pretina con una sola hilera de ranuras

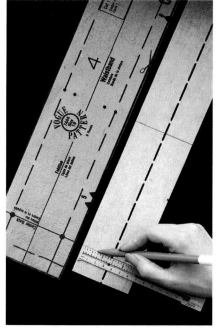

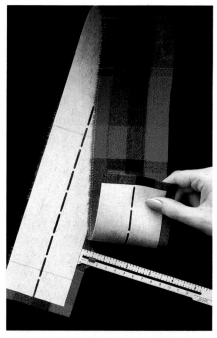

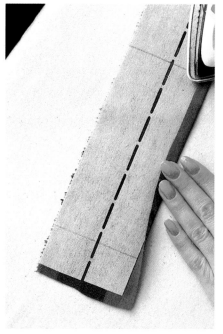

1) Corte la cinta para pretina del largo del patrón de la pretina menos las pestañas para la costura en los extremos cortos. Utilice un marcador para hacer las marcas del patrón, como centro del frente, costura lateral y los símbolos de las muescas, en la entretela.

2) Planche la entretela para fusionarla al lado del revés de la tela, con la orilla más ancha de la entretela sobre el orillo. Corte 1 cm (3/8") de la entretela de las orillas de la entretela.

3) Planche la pestaña sobre el largo de la pretina. La orilla firme de la entretela permite doblar fácilmente la pestaña de la tela.

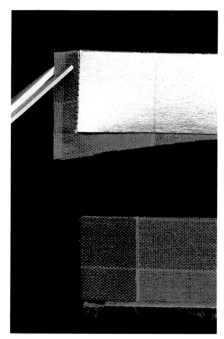

4) Doble la pretina a lo largo de las ranuras perforadas, poniendo juntos los lados del derecho. Haga las costuras en los extremos con la pestaña planchada fuera del área de costura. Recorte las esquinas. Recorte las costuras dejando pestañas de 6 mm (1/4"). Voltee al derecho. Planche.

5) Haga un pespunte en la línea de costura de la cintura de la prenda. Recorte la pestaña a la mitad. Coloque el orillo de la pretina por el interior de la prenda, a una distancia de 3 mm (1/8") por debajo de la línea del pespunte. Coloque la orilla doblada de manera que cubra el pespunte por el exterior de la prenda. Sujete con alfileres.

6) Haga un pespunte en la orilla inferior de la pretina a lo largo de la pestaña doblada, con el derecho de la prenda hacia arriba. El orillo de la pretina, en la parte inferior de ésta, queda automáticamente sujeto por la costura.

Pretina con triple hilera de ranuras

1) Corte la pretina como lo hizo para la de una hilera de ranuras, página 83, paso 1. Planche para fusionar por el revés de la tela. Corte alrededor de la pretina. Planche la pestaña hacia arriba a lo largo de la pretina.

2) Prenda la pretina a la prenda, juntando los lados del derecho y haciendo coincidir las marcas del patrón. Cosa por las ranuras y recorte la pestaña.

3) Doble la pretina por la perforación central, cosa las orillas y recorte. Voltee el derecho hacia afuera y planche. Haga un sobrepespunte para fijarla en su lugar.

Jareta para elástico en tres pasos

1) Cosa una tira larga precortada de ribete de tul o de cinta de bies por el revés de la prenda en la línea de la cintura.

2) Corte una tira de elástico de 6 mm (1/4") de ancho, del largo suficiente para que ajuste alrededor de la cintura. Acomode el elástico bajo el ribete y fíjelo atravesando todas las capas de tela en un extremo de la jareta.

3) Cosa la otra orilla de la tira de ribete cubriendo al elástico. Ajuste los pliegues detrás del prensatelas conforme va cosiendo para que el resorte llegue hasta el final de la jareta. Remate este extremo de la jareta fijando con puntadas de refuerzo a través de todas las capas de tela.

Cómo coser una jareta o banda simulada

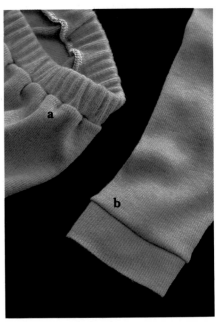

1) Ajuste la máquina overlock para una puntada con 3 hilos. Doble la orilla de la prenda para que tenga el ancho deseado para la jareta o puño, más 6 mm (1/4") para el pliegue que forma. Doble la orilla de la prenda hacia atrás sobre sí misma, con la orilla cortada a 6 mm (1/4") del doblez.

2) Acomode la orilla de la prenda bajo el prensatelas con el doblez junto a la orilla interior de la cuchilla. Cosa sobre el doblez de modo que la cuchilla recorte el sobrante de 6 mm (1/4") sin cortar el doblez. Si lo que desea es una jareta, deje una abertura de 5 cm (2") para insertar el elástico.

3) Jale la orilla hacia abajo y planche. Por el lado derecho, parece que aplicó por separado la jareta (**a**) o el puño (**b**). Por el revés, se puede apreciar el pliegue formado por las puntadas. El pliegue hace que parezca una costura de unión por el lado derecho.

Cómo pegar elástico con overlock

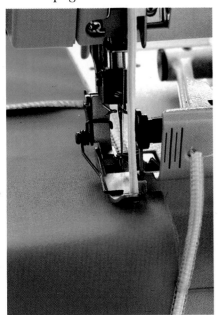

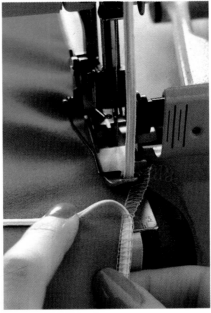

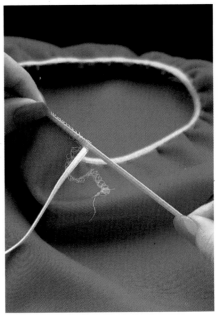

1) Use elástico ovalado de 3 mm (1/8") y puntada de overlock de 3 hilos. Coloque el elástico entre la aguja y la cuchilla, utilizando la guía, si la máquina cuenta con ella. Cosa sobre la pestaña de la costura. Sin estirar el elástico, cosa sobre la línea de costura, sobrehilando el elástico y recortando la pestaña.

2) Jale el elástico fuera de la jareta de hilo al principio de la costura. Dóblelo, alejándolo del final de la costura, donde se encontrarán los extremos del elástico. Haga la costura y corte el elástico.

3) Jale el elástico hasta que ajuste. Encime las puntas y fíjelas con pequeñas puntadas de zigzag.

Dobladillos

Recurra a las puntadas de la máquina y a las tiras precortadas de malla fusionable para hacer rápidamente dobladillos bien presentados. Antes se consideraba que los dobladillos hechos a máquina o con tela fusionable eran adecuados únicamente para ropa infantil, ropa deportiva para uso rudo y forros, pero ahora se utilizan en todo tipo de prendas. Como resultado, los métodos rápidos para dobladillos le dan a sus prendas un aspecto más profesional que si invirtiera más tiempo para hacerlos a mano.

También puede ahorrar tiempo utilizando técnicas de marcación y medición más eficaces. Si la prenda cuelga parejo y la orilla cortada está paralela al piso, marque el dobladillo con un solo alfiler. Después mida a partir de la orilla cortada para establecer la línea del dobladillo, en lugar de utilizar el método de hacerlo desde el piso.

Para marcar el dobladillo en los pantalones, use sólo cuatro alfileres por pierna. Voltee hacia arriba el dobladillo al centro del frente, centro trasero, entrepierna y costura lateral en cada pierna. Coloque un alfiler sobre el doble del dobladillo en cada uno de estos puntos. El dobladillo está listo para que lo planche cuando mide y marca de esta manera. Después de planchar, recorte la pestaña a un ancho uniforme, guiándose por la vista.

Tres dobladillos cosidos a máquina

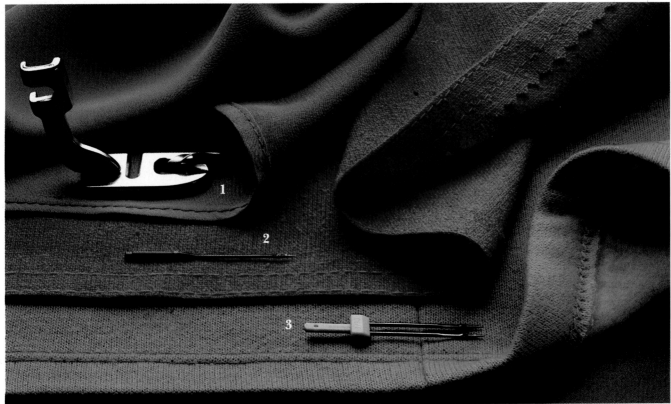

Para una costura rápida que tenga aspecto profesional, escoja los dobladillos hechos a máquina. Si desea un dobladillo angosto **(1)**, utilice un pie dobladillador angosto, que enrolla automáticamente la tela en un doblez doble. No hace falta planchar ni prender para obtener un dobladillo terminado de 3 mm (1/8''). El dobladillo resulta más adecuado para telas de peso mediano; las orillas rectas son más fáciles de coser que las curvas. El dobladillo con sobrehilado **(2)** es adecuado para dobladillos de cualquier ancho. Acabe la orilla cortada con tijeras para ribetear o puntada de zigzag antes de dobladillar. Agregue una segunda hilera de sobrepespunte para impedir que las telas tejidas se enrollen o para dar un toque decorativo. Para un dobladillo con sobrepespunte con dos agujas **(3)**, utilice aguja doble, la placa del transportador para zigzag, el prensatelas de abertura ancha y el ajuste normal para puntada recta. Los dos hilos de las agujas enlazan el hilo sencillo de la bobina, haciendo al mismo tiempo dos hileras perfectamente espaciadas de sobrepespunte. Por el revés, parece puntada de zigzag.

Dobladillo rápido con cinta fusionable

1) Recorte la pestaña del dobladillo para que quede del ancho deseado, pero no más angosta de 2.5 cm (1") si va a utilizar malla fusionable de 2 cm (3/4"). El dobladillo debe sobrepasar ligeramente la malla para evitar que se marque del lado derecho.

2) Coloque la malla fusionable en la pestaña del dobladillo 6 mm (1/4") más abajo de la orilla cortada del dobladillo. Haga cortes en la malla para que quede plana si el dobladillo es curvo. Pegue planchando sobre el papel.

3) Doble el dobladillo hacia arriba. Planche por el interior de la prenda encimando el área ya pegada cada vez que mueva la plancha. Coloque la plancha debajo de la línea cortada para evitar que aparezca un surco por el derecho de la prenda.

Cómo hacer un dobladillo a máquina con puntada invisible

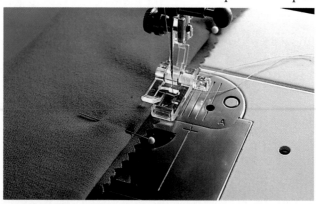
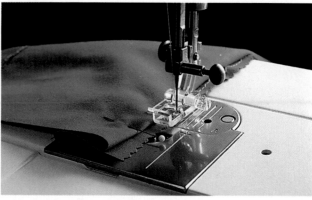

1) Doble hacia arriba el dobladillo. Dóblelo hacia el derecho de la tela de modo que la orilla cortada sobresalga 6 mm (1/4") del doblez. Prenda. Coloque el pie para dobladillo invisible en la máquina o utilice una guía para dobladillo invisible con el prensatelas común. Ajuste la máquina para que haga puntada invisible.

2) Cosa el dobladillo con puntada larga. Ajuste la posición de la aguja más a la derecha si es necesario, de modo que el zigzag apenas cosa la orilla doblada. Mientras menos penetre el zigzag en la tela, menos se nota por el derecho de la prenda.

Cómo acabar los tablones en el dobladillo

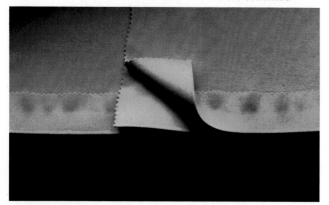
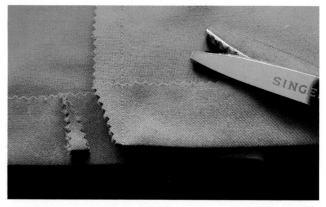

1) Deje la costura abierta en el área del dobladillo en el pliegue del tablón. Cierre la abertura en el revés del tablón después de dobladillar, cosiendo todas las capas.

2) Recorte en ángulo las orillas en el área del dobladillo. Ponga una gota de líquido para evitar que la tela se deshilache o cosa las orillas juntas con overlock para reducir el volumen y obtener un doblez bien definido en el tablón.

Tres maneras rápidas de poner entretela al dobladillo de sacos o chaquetas

Lona de crin fusionable. Corte esta entretela rígida del tamaño de la pestaña del dobladillo. Corte la entretela al sesgo para obtener un dobladillo liso y flexible. Fusione la entretela entre el doblez y la orilla cortada del dobladillo.

Lona de crin para coser. Corte esta entretela aderezada al sesgo del tamaño de la pestaña del dobladillo. Inserte una tira precortada de malla fusionable de 2 cm (3/4") entre la tela y la entretela. Pegue la entretela a la pestaña del dobladillo.

Entretela fusionable precortada. Corte una tira de entretela de 3.8 cm (1 1/2") del largo necesario para que se ajuste al espacio entre las costuras de la pestaña del dobladillo. Ponga las ranuras perforadas en el doblez del dobladillo con la porción más ancha de la entretela en la pestaña del dobladillo. Planche. Este método resulta más adecuado para los dobladillos rectos.

Tres maneras rápidas de fijar el dobladillo en sacos o chaquetas

Planche para fusionar. Doble el dobladillo ya con entretela. Asegúrelo a las pestañas de las costuras en los lados y el centro con unas tiras de 2.5 cm (1") de malla fusionable precortada.

Puntadas de refuerzo. Doble el dobladillo ya con entretela. Fíjelo a todas las pestañas de costura con puntadas a máquina. Este método es especialmente adecuado para telas gruesas.

Cosa en la unión de las costuras. Doble el dobladillo ya con entretela. Haga unas puntadas en la unión de todas las costuras, atravesando todas las capas. No se requieren más puntadas para mantener el dobladillo en su lugar.

Dobladillos con overlock

Las máquinas de overlock pueden dobladillar de dos modos: enrollando o con puntada ciega. En algunos modelos de máquinas, debe utilizar una placa del transportador especial o ésta y un prensatelas específico. Todas las máquinas requieren que se ajusten las tensiones y se seleccione el largo de la puntada. Consulte el manual de la máquina para saber qué preparación necesita la suya.

Los dobladillos enrollados (izquierda), dan el aspecto de una orilla con puntada de satín o un sobrehilado delgado, dependiendo del largo de la puntada y de los ajustes de la tensión. Seleccione una puntada corta entre 0 mm y 3 mm. Mientras más larga sea la puntada, más suave será la caída del dobladillo. Por ejemplo, con 3 mm **(1)** tiene una orilla ondulada o una puntilla flexible. Con 2 mm **(2)**, se cubre bien la mayor parte de las orillas de la tela y no es tan rígida como la puntada más corta. Con 1 mm **(3)**, parece puntada de satín, con suficiente cuerpo para sentirse rígida. Si utiliza 0 mm **(4)** tendrá una orilla delgada y firme.

Al coser un dobladillo enrollado, coloque la tela con el derecho hacia arriba de modo que el dobladillo se enrolle hacia abajo por el lado del revés. Alinee las cuchillas con el dobladillo para recortar el sobrante de pestaña conforme se forman las puntadas. Para tener una guía de costura clara, marque el dobladillo con una pluma de tinta lavable o planche un doblez para señalarlo.

El dobladillo enrollado es un acabado durable que se ve bien aun después de varias lavadas. Para que sea decorativo, utilice hilo de color contrastante. También puede usar hilo brillante de rayón o seda.

La puntada invisible en el dobladillo tiene un aspecto similar al de la costura plana. Por el lado derecho aparece una escalerilla de puntadas; por el revés, se forma una guía de lazos que cubre la orilla cortada. Los dobladillos con punto invisible se hacen con dos o tres hilos. Para dobladillar, modifique su modelo de máquina overlock de 4 y 2 hilos quitando la aguja del lado izquierdo y el hilo del ganchillo superior. En las máquinas de 4 y 3 hilos, quite únicamente la aguja de la izquierda. Los modelos de 3 hilos no necesitan cambio alguno.

Cómo hacer un dobladillo con puntada invisible

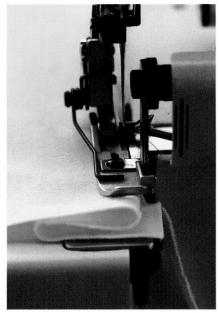

Dobladillo enrollado de 3 hilos

1) Doble hacia arriba el dobladillo y después hacia atrás sobre sí mismo a modo que la orilla cortada sobrepase el doblez. Ajuste la máquina de overlock como para costura plana, página 68. Utilice el aditamento para dobladillo invisible si es necesario. Acomode el dobladillo bajo el prensatelas de modo que la aguja apenas penetre en el doblez. Las cuchillas del overlock recortan la pestaña sobrante pero no deben cortar la orilla doblada.

2) Jale el dobladillo hacia abajo hasta que las puntadas queden planas. Planche. La escalera de puntadas es visible en el lado derecho. El dobladillo con puntada invisible es más adecuado para prendas que tienen la orilla derecha o ligeramente curva y para los tejidos de punto elástico, debido a que se estira un poco.

Apriete la tensión del ganchillo inferior (amarillo) hasta que el hilo del ganchillo superior (naranja) se enrolle hacia el revés de la tela para obtener un dobladillo enrollado. Apriete la tensión del ganchillo inferior y afloje la del ganchillo superior para obtener un dobladillo enrollado plano. Si se frunce, afloje un poco la tensión de la aguja o estire la tela conforme cose.

Ropa interior rápida con overlock

Las máquinas de overlock simplifican la aplicación de encaje y elástico a las orillas de las prendas y crean un acabado plano, sin volumen. Los métodos que se dan a continuación son similares a los de un solo paso que utilizan los fabricantes de lencería. No es necesario acabar las orillas a mano. Además de ahorrar tiempo, éstas técnicas le dan a las prendas un aspecto profesional.

Al aplicar encaje contrastante con la máquina overlock, use un color de hilo similar al del encaje, no al de la tela. Para las costuras, utilice el método de costura plana que se emplea para el tejido elástico en la página 69.

Cómo aplicar orillas de encaje

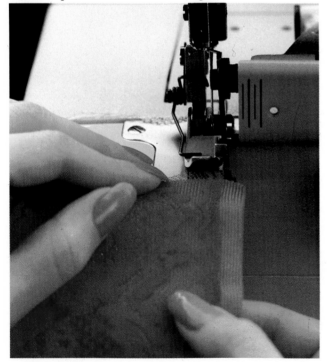

1) Ajuste la máquina de overlock para costura plana de 2 ó 3 hilos, como se indica en la página 68. Acomode la orilla recta del encaje a 6 mm (1/4") de la orilla de la tela, con los lados del revés juntos.

2) Cosa colocando la orilla recta del encaje junto a las cuchillas del overlock, de manera que corten 6 mm (1/4") de la tela, pero sin cortar el encaje.

Dos maneras de aplicar elástico a la ropa interior

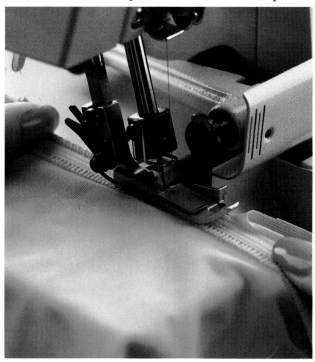

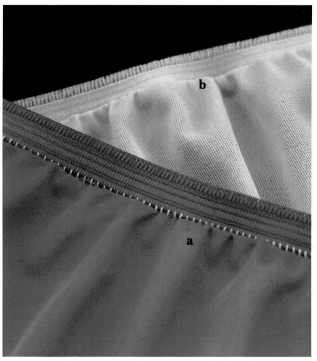

Método de costura plana con overlock. Siga los pasos 1 a 3 que se indican abajo para coser la orilla de encaje, excepto que el elástico y la tela se ponen con los lados del derecho juntos para este tipo de costura. Utilice también una puntada más larga y estire el elástico conforme cose. Para abrir las puntadas y que queden planas, jale la costura abriéndola.

Método de costura oculta. Cosa el elástico a la prenda con puntada de tres hilos. Cosa poniendo juntos los lados del derecho de la tela y el elástico y estire el elástico conforme cose. En este método de costura oculta **(a)**, la costura queda en el interior de la prenda, pero es ligeramente más voluminosa que en el método plano **(b)**.

3) Jale el encaje y la tela separándolos para abrir la costura y hacer que las puntadas queden planas. Las lazadas se ven por el derecho de la prenda. (Se utilizó hilo contrastante para mostrar el detalle.)

Otro método. Haga una costura de overlock de 3 o de 4 y 3 hilos, colocando el encaje y la tela con los lados del derecho juntos. Deje que la orilla cortada de la tela cubra 6 mm (1/4") de la orilla recta del encaje, de modo que la orilla se recorte conforme cose. Planche la costura hacia la tela.

Cierres de cremallera, botones y otros cierres

Mientras más seguido pueda utilizar los métodos de costura a máquina para eliminar la costura a mano, más rápido podrá coser los cierres de sus prendas. Escoja de entre varias maneras de insertar cierres y pegar botones, incluyendo la puntada invisible a máquina, que da un aspecto de cosido a mano.

Al insertar un cierre traslapado con puntada invisible a máquina, utilice un cierre que sea 2.5 cm (1") más largo que la abertura, de manera que no tenga que coser más allá de la jaladera del cierre. Las puntadas son más derechas cuando no le estorba la jaladera del cierre y éste lo puede cortar fácilmente al largo correcto.

Al coser botones a máquina, prefiera los de dos agujeros a los de cuatro, ya que se pegan más rápidamente. Además, los botones más grandes son más fáciles de manejar que los pequeños.

Cómo insertar un cierre centrado

1) Cosa dejando una abertura para el cierre. Doble las pestañas hacia abajo y planche. Coloque una tira de 1 cm (3/8") de malla fusionable para fijar las pestañas.

2) Aplique pegamento o use entretela fusionable para hivanar a ambos lados de la cremallera del cierre. Ponga un lado de la costura sobre el cierre, de modo que el doblez de la pestaña quede centrado sobre la cremallera. Acomode el otro lado de la costura sobre el cierre de manera que las orillas dobladas cubran el cierre.

3) Marque la línea para el sobrepespunte a 1 cm (3/8") de la orilla doblada. Para guiarse con facilidad, pegue una tira de cinta transparente de 2 cm (3/4") sobre la línea de la costura por el derecho de la prenda. Utilizando el pie para cierres, cosa a un lado de la cinta.

Cómo insertar un cierre traslapado

1) Haga la costura dejando una abertura para el cierre. Planche hacia abajo las pestañas de 1.5 cm (5/8").

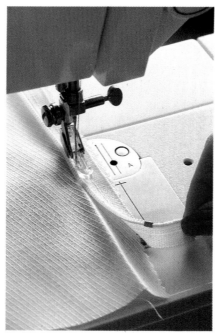

2) Abra el cierre. Colóquelo con el derecho hacia abajo sobre la pestaña trasera, con los dientes del cierre sobre la línea de costura planchada. Utilizando el pie para cierres, cosa el cierre a la pestaña. Cierre el cierre y doble la costura hacia abajo.

3) Coloque la cinta para hilvanar en el lado libre de la tela del cierre. Coloque la pestaña planchada sobre el cierre, de modo que el doblez cubra los dientes del cierre. Haga un sobrepespunte en la parte inferior del cierre, subiendo por el lado hilvanado.

Cómo insertar a máquina un cierre traslapado con puntada invisible

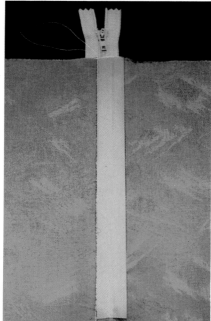

1) Use un cierre que sea 2.5 cm (1") más largo que la abertura del cierre. Prepare el cierre como lo hizo para un cierre traslapado, pasos 1 a 3 arriba, excepto que hilvane a máquina la cinta a la pestaña en lugar de hacer sobrepespunte.

2) Doble el lado traslapado del cierre sobre el revés, de modo que la pestaña se extienda hacia el lado derecho. Ajuste la máquina para puntada invisible. Utilice el pie para pegar cierres, cosiendo a lo largo de la orilla de la cinta del cierre, de manera que las puntadas de zigzag cosan el doblez del traslapo.

3) Quite los hilvanes. Abra el cierre y haga puntadas de refuerzo sobre los dientes del cierre en la parte superior de la prenda. Corte el sobrante de la cinta del cierre. Planche. Desde el derecho de la prenda, el cierre presenta el mismo aspecto que si se hubiera cosido a mano.

Cómo coser a máquina el forro al cierre

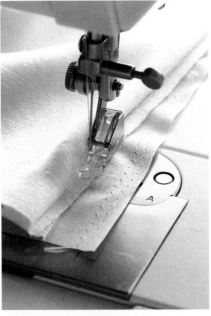

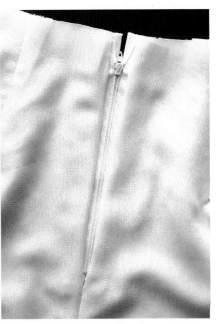

1) Cosa por la línea de costura del forro hasta 1.3 cm (1/2") de la abertua del cierre. Con los lados del revés juntos, haga coincidir las costuras del forro y de la prenda. Voltee la pestaña del forro hacia abajo para que coincida con la orilla exterior de la cremallera del cierre y marque.

2) Haga coincidir el derecho del forro en la marca con la pestaña de costura del revés de la prenda en el cierre. Con el pie para cierres, cosa cerca de las puntadas con las que cosió el cierre, desvaneciendo hasta llegar a la pestaña de 1.5 cm (5/8") en la parte inferior del cierre.

3) Haga coincidir el lado derecho del forro con la pestaña de la prenda del otro lado del cierre y cosa como en el paso 2, a la izquierda. Voltee el forro al derecho y acomódelo en su lugar dentro de la prenda.

Cómo coser a máquina botones, ganchos, presillas y broches

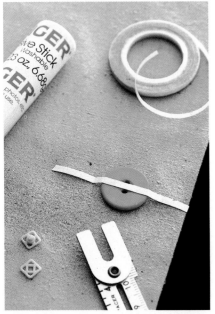

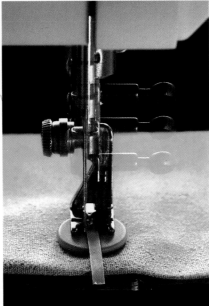

1) Coloque el botón, gancho, presilla o broche de presión en su lugar con cinta para hilvanar, pegamento o cinta transparente.

2) Utilice el pie para pegar botones. Haga varias puntadas en uno de los agujeros para fijar el hilo. Ajuste el ancho de la puntada de zigzag para que sea igual al espacio entre los agujeros del botón.

3) Inserte el espaciador de botones, un palillo, un cerillo de madera o una aguja de máquina de coser para crear el tallo del botón. Haga alrededor de cinco puntadas de zigzag; después haga varias puntadas en uno de los agujeros para fijar el hilo de nuevo. Corte los hilos y séllelo con líquido para prevenir el deshilachado.

Para coser broches de presión, ajuste el ancho de la puntada de zigzag para que coincida con los agujeros en el broche. Haga varias puntadas en la tela para fijar el broche.

Para coser broches de ganchos y presillas, haga alrededor de cinco puntadas de zigzag sobre el ojo del broche. Sin cortar los hilos, pase al siguiente gancho o presilla. Después corte los hilos cerca del gancho, llevando las puntas al revés de la tela. Selle los extremos de los hilos con líquido para evitar el deshilachado.

Decoración en el hogar

Telas que ahorran tiempo en la decoración del hogar

Aunque su proyecto de decoración para el hogar sea grande o pequeño, la selección de la tela le pude ahorrar tiempo a la larga. Cuando busque telas que ahorran tiempo, fíjese en lo siguiente.

Los estampados dan estilo y la impresión de detalle a los proyectos de costura rápida. También proporcionan un esquema de color para un arreglo atractivo de las habitaciones, ocultan las puntadas defectuosas y se nota menos el uso o lo sucio que en las telas lisas. Escoja motivos repetidos o estampados pequeños en lugar de motivos grandes que deban hacerse coincidir en las costuras, centrarse o equilibrarse y así ahorrará tela y tiempo.

Los estampados coordinados le dan un aspecto de hecho a la medida rápidamente. Estas telas tienen en ocasiones cenefas o estampados complementarios, como una banda, que se puede cortar para adornos, lazos y holanes. En el grupo de especialidades se incluyen paneles decorativos que tienen el aspecto de aplicaciones o parches para la confección rápida de colgaduras de pared y almohadones. También se pueden encontrar moldes diseñados para accesorios para el hogar fáciles de confeccionar, como cubiertas para aparatos domésticos, juegos de manteles individuales y servilletas, adornos para las fiestas y motivos infantiles.

Las telas de acabado opaco o mate absorben la luz en lugar de reflejarla; por lo tanto no requieren la perfección en la confección o drapeado necesaria en telas con lustre o brillo.

Las telas anchas son mejores para las labores grandes, como adornos para ventanas, sobrecamas y manteles. Mientras más ancha sea la tela, menos costuras necesita. La mayoría de las telas para decoración del hogar miden por lo menos 140 cm (54") de ancho para reducir las costuras al mínimo, aunque algunas telas transparentes miden 280 cm (110") o más, de modo que se pueden eliminar las costuras por completo. Para visillos sin costuras, seleccione una tela lo bastante ancha para hacer los remates y dobladillos de la parte inferior aprovechando los orillos, de modo que el hilo de la tela sea transversal a la ventana.

Las sábanas planas vienen en tamaños lo bastante grandes para labores sin costuras, Además, muchos estilos de ropa de cama tienen cenefas o adornos aplicados que pueden utilizarse como orillas pre-terminadas en la labor, o cortarse por separado para hacer adornos pequeños como abrazaderas.

Las telas reversibles, que no tienen aparentemente derecho o revés, le permiten eliminar los forros y los refuerzos. En muchas telas transparentes, tejidas, antes sintéticos y tramas a cuadros, las dos caras de la tela son atractivas. Imite una tela reversible utilizando dos telas, revés con revés. Péguelas, póngales entretela o hilvánelas a máquina juntando los lados de ambas telas.

El encaje es adecuado para muchas labores de decoración; no se deshilacha ni requiere dobladillos o forros. Aproveche los diseños en las orillas utilizándolos como bordes ya hechos. Para las ventanas, seleccione encaje que tenga una orilla terminada como cenefa y la otra con un acabado de aberturas para la varilla de la cortina.

Las telas tejidas por lo general son bastante anchas para reducir el número de costuras; cuelgan bien y a veces no necesitan dobladillo. Utilice terciopelo de algodón para almohadones y tejido de punto ligero para cortinajes transparentes.

Las telas a cuadros y rayas ya tienen características que ahorran tiempo. Para cortar, medir y marcar, las líneas de los cuadros tejidos o las rayas siempre están al hilo. Asegúrese de que un estampado geométrico esté al hilo o le será muy difícil trabajar con él.

Artículos de mercería y equipo

La entretela fusionable ahorra tiempo cuando se utiliza para aplicar adornos o hacer dobladillos, así como para fijar las pestañas de las costuras dentro de una jareta para insertar fácilmente la varilla de una cortina.

La barra de pegamento es una manera rápida de fijar los adornos, dobladillos, refuerzos y forros para coserlos.

El líquido para evitar el deshilachado sella las orillas expuestas y cortadas en aberturas que no se cosen, hechas en las cortinas o galerías para insertar varillas o argollas.

La máquina de overlock cose dobladillos perfectos con rapidez y da acabado a las orillas de holanes, persianas, manteles, carpetas, manteles individuales y servilletas. Utilícela también para coser telas transparentes sin arrugas y para costuras rectas, largas en cortinas, tapicería o cubrecamas en minutos.

El cortador giratorio es ideal para cortar piezas rectas, como abrazaderas, holanes, forros y tiras de adorno.

El accesorio para hacer bies dobla de manera uniforme las orillas cortadas de las tiras de tela conforme se plancha. Utilícelo para ribetes de bies, tiras para cortinas, cintas decorativas y adornos en bandas hechas a la medida. Estos accesorios vienen en cuatro tamaños para formar tiras dobladas de 12, 18, 25 o 50 mm (1/2", 3/4", 1" o 2").

El adhesivo para telas, como el pegamento blanco o de artesanía, se utiliza para fijar el dobladillo de una persiana al forro o para cerrar una abertura que se haya dejado para voltear al derecho una labor.

Las cintas con cordones autodeslizables se cosen planas a la tela y se jalan para fruncir, hacer *smock*, plegar o doblar rápidamente la tela. Esta cinta es una manera fácil de hacer remates decorativos en cortinas, tapicería galerías y guardapolvos. La cinta con anillos y la de persianas también son deslizables. A la de anillos se le cosen argollas de plástico con un espacio de 15 cm (6") entre una y otra; la cinta para persianas tiene un cordón fijo a espacios regulares. Ambas se utilizan para formar dobladillos ondulados rápidamente.

Costuras rápidas

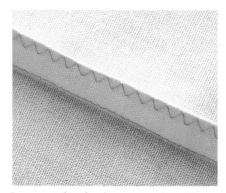

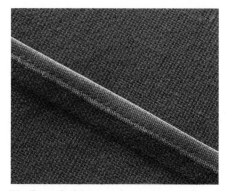

El orillo hace innecesario el acabado en las orillas. Deje todas las costuras rectas que sea posible en los orillos de la tela. Para todas las labores de decoración del hogar, utilice pestañas de 1.3 cm (1/2") a menos que se especifique otra medida.

Las puntadas de zigzag unen la orilla de las pestañas. La técnica es similar al sobrehilado pero no hace falta recortar las orillas. Haga las puntadas lo más cerca de las orillas cortadas que sea posible. Planche hacia un lado.

El ribete de bies previamente cortado es un acabado rápido para las orillas. El ribete ligero y transparente resulta especialmente adecuado para telas que tienden a deshilacharse, las texturizadas y las telas gruesas. Ribetee las pestañas juntas y planche hacia un lado.

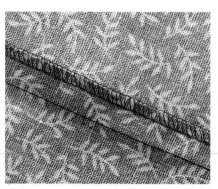

La costura de overlock de cuatro hilos es durable, no se estira y es una forma de acabado. Se usa mucho en la costura para decoración del hogar, especialmente en costuras largas y rectas.

La costura con overlock de 3 hilos es una alternativa adecuada para la de 4 hilos en la mayor parte de las situaciones. Utilice una máquina de coser convencional para agregar una hilera de puntadas rectas que refuercen y eviten que la pieza se deforme.

La puntada de overlock con 2 hilos proporciona una técnica rápida y adecuada para el acabado de las orillas cortadas en las costuras rectas. Haga el overlock en las orillas cortadas antes o después de la costura recta.

Pliegues rápidos

Haga zigzag sobre un cordón fuerte, delgado, para plegar, con una sola hilera de puntadas. Utilice hilo para sobrehilado, hilo dental o hilaza para crochet. No deje que las puntadas penetren en el cordón.

Divida la orilla de la labor y la de la tela que va a plegar en cuatro partes y señálelas. Para labores grandes, divídalas en ocho o más partes. Prenda las orillas juntas en las marcas. Jale el cordón para hacer los pliegues entre las marcas.

El plegador distribuye la tela en forma uniforme y es especialmente útil para holanes guardapolvo y holanes para manteles y cortinas. Ajuste el volumen de los pliegues en el plegador de acuerdo con la tela y uso del holán.

Dobladillos rápidos

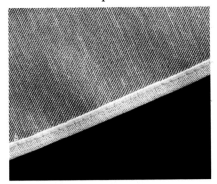

Los dobladillos angostos son adecuados para los holanes, manteles individuales y servilletas. Utilice un dobladillador angosto para que doble la tela automáticamente sin planchar ni prenderla. Este pie forma un dobladillo uniforme de 3 mm (1/8").

El dobladillo lateral doble mide 2.5 cm (1") y se usa para ventanas. Doble hacia abajo 2.5 cm (1") de tela; después doble hacia abajo otra vez 2.5 cm (1") y planche. Cosa con sobrepespunte, puntada invisible o péguelo con cinta fusionable.

El dobladillo doble para la parte inferior de las cortinas mide 5 a 15 cm (2" a 6") de ancho. Mientras más largo sea el lienzo y menos pese la tela, el dobladillo debe ser más ancho. Doble, planche y acabe igual que el dobladillo lateral.

El sobrepespunte en el dobladillo es una manera rápida de dobladillar en máquina convencional. Use de 8 a 10 puntadas en 2.5 a 3 cm (1 pulgada); cosa junto al doblez. El sobrepespunte es un acabado duradero, aunque la línea de puntadas se ve por el lado del derecho.

El dobladillo invisible casi no se ve por el lado del derecho y tiene el aspecto de haber sido hecho a mano. Utilice la máquina ajustada para dobladillo invisible y el pie o guía para hacerlo. Coloque la orilla del dobladillo de modo que la puntada de zigzag penetre un poco en el lienzo.

El dobladillo fusionado le da firmeza y resistencia sin puntadas. Utilice tiras previamente cortadas de malla fusionable. Coloque la malla 3 mm (1/8") de la orilla por debajo de la tela doblada; fusione siguiendo las instrucciones en el paquete. Para evitar que queden marcas en el lado del derecho, no planche directamente sobre la orilla doblada

Otros dobladillos rápidos

Una orilla enrollada hecha con puntada de overlock de 3 hilos o de 2 es durable y bien formada. Utilícela en manteles, servilletas y holanes que de otro modo requerirían un dobladillo angosto. Puede usar hilos en color contrastante para dar un detalle decorativo.

La orilla de satín con puntada de overlock de 3 hilos o 2, corta y angosta, puede sustituir al dobladillo angosto o a la orilla enrollada. Este método, bueno para materiales con textura, es menos voluminoso que la orilla enrollada. Utilice hilo de nylon lanoso para que cubra bien.

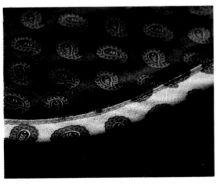

La orilla ribeteada de bies es útil en las orillas curvas o en las telas gruesas o acolchonadas que son demasiado gruesas para dobladillar. Utilice ribete comprado o confecciónelo utilizando el accesorio para plancharlo.

Cortinas con remate suelto

Para confeccionar esta cortina de una sola pieza que parece tener una cenefa separada, escoja una tela que aparentemente no tenga derecho ni revés. Para telas transparentes o de peso ligero, utilice tres veces el ancho de la ventana. Para ahorrar tiempo, no cosa los paneles juntos, sino que, utilizando todo el ancho de la tela, cosa cada uno por separado. Cuando los ponga en la varilla o barrote, acomode los lados de los paneles para que los costados de los mismos queden dentro de los pliegues de la tela.

Para determinar el largo de cada lienzo de la cortina, agregue un total de 61 cm (24") a la longitud ya terminada, medida desde la parte de arriba del rodillo. Esta cantidad incluye lo suficiente para un remate de 5 cm (2"), una jareta de 5 cm (2") para que quepa una varilla o rodillo de 3.8 cm (1 1/2"). El largo del holán ya acabado, del remate al dobladillo, es de 35. 5 cm (14").

Para preparar cada lienzo para el remate suelto, cosa dobladillos laterales dobles. Si los orillos están bien terminados, puede suprimir los dobladillos laterales en los lienzos interiores.

Cómo hacer un remate

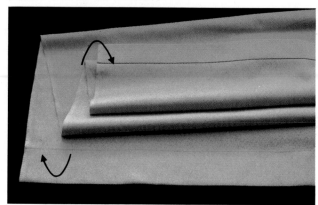

1) Cosa un dobladillo doble hacia el lado del derecho en la parte superior de un lienzo para cortina. Haga un dobladillo doble hacia el revés en la orilla inferior de la cortina.

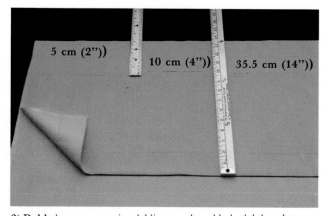

2) Doble la parte superior del lienzo sobre el lado del derecho para hacer una cenefa 35.5 cm (14") de largo. Marque la línea de puntadas a 5 cm (2") del doblez para el remate y a 10 cm (4") del doblez para el espacio del cortinero. Cosa sobre las líneas marcadas.

Cómo hacer una cenefa abullonada

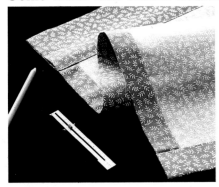

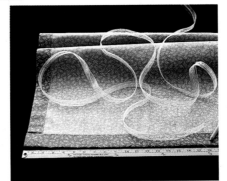

1) Haga los dobladillos laterales y el inferior. Doble hacia abajo la orilla cortada superior 1.3 cm (1/2") y planche. Doble la orilla para formar el cabezal y la jareta para el cortinero; señale las líneas de costura. Cosa donde marcó.

2) Señale el lugar para colocar la cinta de persiana en la parte inferior de la cenefa. Las ondas deben quedar formadas a intervalos regulares a lo largo de la cenefa, alrededor de 20.5 a 30.5 cm (8" a 12") de distancia. Si el ancho equivale al doble del largo, las cintas deberán colocarse entre 40.5 a 61 cm (16" a 24") de distancia.

3) Corte tiras de cinta para persianas de 61 cm (24") de largo, asegurándose de que el cordón quede prendido al principio sobre el dobladillo. Cosa la cinta en su lugar. Jale el cordón de ambos extremos y amarre. Meta los cordones en las ondas.

Cómo hacer una cenefa plana

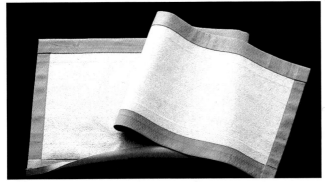

1) Voltee hacia abajo las orillas cortadas laterales 1.3 cm (1/2"). Planche. Voltee otra vez 2.5 cm (1") y cosa los dobladillos laterales. Doble la tela hacia el revés para formar las jaretas para las varillas en la parte superior e inferior, volteando hacia abajo las orillas cortadas 1.3 cm (1/2"). Cosa.

2) Pase las varillas por la jareta en la parte superior e inferior para instalar la cenefa en la ventana. La cenefa toma la forma de las varillas y tiene un aspecto elegante. Para un adorno rápido, utilice listón acordonado sobre las líneas de costura, pegándolo con cinta fusionable.

Cómo hacer una cenefa abultada

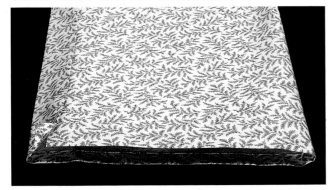

1) Cosa los dobladillos laterales haciéndolos dobles. Voltee hacia abajo la orilla superior 1.3 cm (1/2") y planche. Doble la orilla para que cubra todo el ancho del remate. Lleve la orilla cortada inferior hacia arriba y traslápela 1.3 cm (1/2") debajo del remate. Cosa a lo largo de la orilla doblada para formar el remate. Haga una hilera paralela de costura debajo de la orilla doblada para formar la jareta del cortinero.

2) Deslice la varilla por la jareta para colgar la cenefa. Separe la capa de tela a lo largo de la cenefa para formar el abullonado. Si se ve muy plano, rellénelo con papel desechable o bolsas de plástico para que tenga aspecto más redondeado.

Guirnaldas con pliegues laterales

Esta guirnalda es una cenefa plegada a lo largo del marco de una ventana, con un colgante de tela a los lados. Las guirnaldas se puede plegar desde soportes montados en las esquinas del marco de una ventana o arriba de éstas, o también alrededor de remates decorativos en los extremos del cortinero.

A fin de simplificar la confección de una guirnalda elegante y delicada (derecha), dele forma a un lienzo de tela al tamaño requerido tomando simplemente dos medidas de la ventana. Mida el ancho entre los soportes o remates. Mida el largo que desea desde la parte superior del cortinero hasta el punto en el costado de la ventana donde quiere que termine la cortina. El largo que corte de un lienzo será igual al ancho más el doble del largo más 2.5 cm (1'') para las pestañas de costura. Forre el lienzo hasta la orilla para eliminar dobladillos y cabezales. Después, utilice cinta para plegar para formar los pliegues. Para ahorrar tiempo al cortar, corte al mismo tiempo la tela decorativa y el forro.

Ahorre más tiempo haciendo una cenefa o cortina plegada de una tela que no tenga aparentemente derecho o revés, como la gasa, el lino para pañuelos, el paño de seda o el encaje. Cuélguela en forma artística sobre un cortinero decorativo. No necesita forrar ni plegar el lienzo. Para el acabado de las orillas y los extremos, fusione o pegue los dobladillos a fin de obtener un aspecto profesional sin dar una sola puntada. Las guirnaldas también se pueden atar a los remates con lazos separados o cordones de pasamanería.

Cómo hacer una guirnalda sin costura

1) Cuelgue una cinta de medir a lo ancho de la ventana entre los remates del cortinero decorativo para calcular el ancho final de la guirnalda. Mida el largo deseado. El largo que corte debe ser igual al ancho final más el doble del largo deseado, más dos pestañas para el dobladillo. Calcule algo más de tela para el acomodo de los pliegues.

2) Pliegue la tela sobre el cortinero para apreciar cómo se ve. Si el lienzo de tela es muy ancho, córtelo para obtener el efecto deseado. Marque los dobladillos y péguelos o póngales cinta termoadherible. Cuelgue el lienzo terminado sobre el cortinero y acomode la tela en pliegues suaves. Amarre un cordón alrededor de los dobleces en las esquinas para sostenerlos. Amarre las telas suaves o resbalosas alrededor de los remates para fijar la guirnalda.

Cómo hacer una guirnalda forrada con pliegues laterales

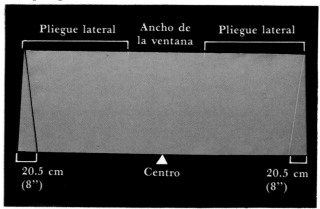

1) **Mida** y señale el centro y el ancho de la ventana. En el lado opuesto, haga una marca a 20.5 cm (8") de cada esquina. Ponga las capas de la tela para decorar y el forro, y corte diagonalmente hacia la esquina opuesta en cada lado.

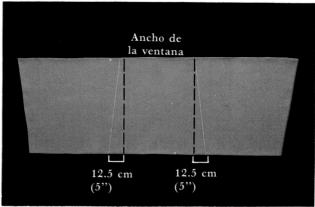

2) **Cosa** el forro al lienzo con los lados del derecho juntos. En el centro de la orilla más corta, deje una abertura para voltear. Haga cortes en las esquinas. Voltee el derecho hacia afuera. Planche. Pegue o una la abertura con tela fusionable. En el lado del forro marque la orilla más angosta del lienzo 12.5 cm (5") afuera de las señales del ancho de la ventana.

3) **Coloque** la cinta para plegar de 2 cordones sobre las líneas diagonales que van de la marca del ancho de la ventana en el lado más largo, a la marca que hizo en el lado más angosto, a 12.5 cm (5") de la anterior.

4) **Cosa** la cinta para plegar entre cada par de señales. Anude los cordones de la cinta por el lado más corto. Jálelos para formar la onda. Acomode en los remates del cortinero y acomode los pliegues.

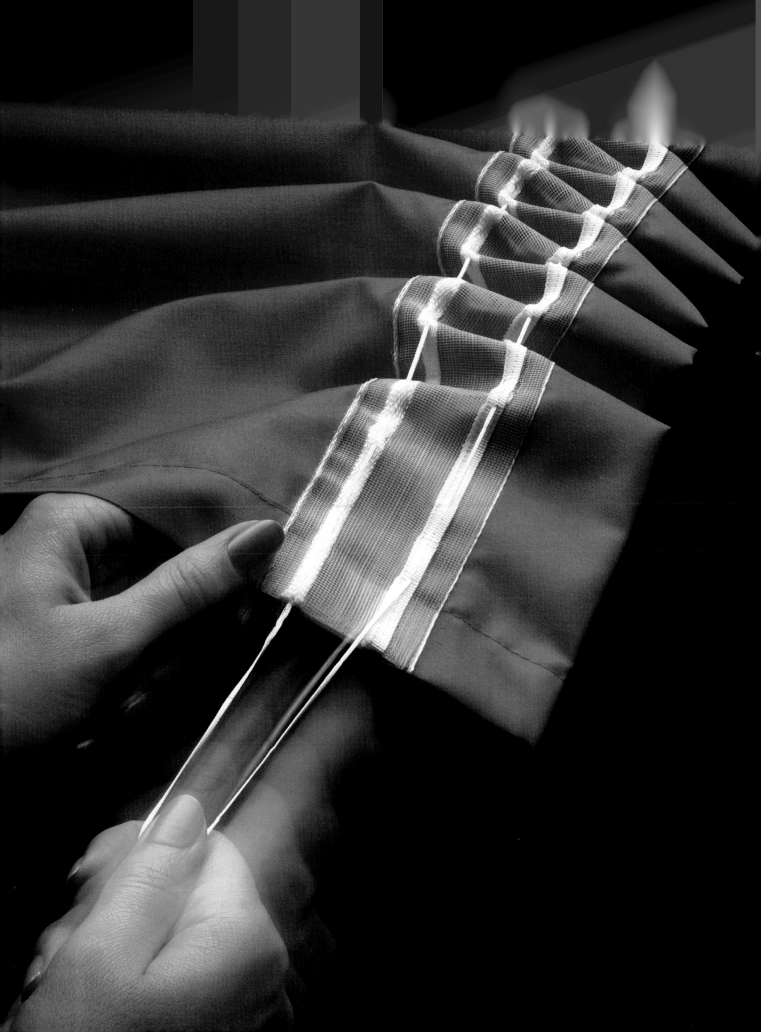

Remates rápidos para cortinas y cenefas

La manera más rápida de confeccionar una cortina decorativa, la tapicería y los remates de las cenefas es con cinta deslizable. Éstas se cosen planas a los lienzos ya dobladillados y se jalan los cordones entretejidos para hacer el remate. Para mejores resultados, utilice estas cintas en telas de peso medio a ligeras o transparentes.

Para calcular la cantidad de tela que necesita, mida el ancho del cortinero, incluyendo los remates, si los tiene. Multiplique por 2 1/2 veces para tener el ancho de tela suficiente para plegar o de la cinta que forma los frunces. Multiplique el ancho 2 1/2 o 3 veces para las cintas que hacen el fruncido o las tablas. Las telas ligeras o transparentes se ven más lujosas con mayor volumen. Agregue una pestaña para los dobladillos laterales dobles, para determinar el ancho que deben tener los lienzos. Divida el total del ancho de la tela entre el número de anchos que necesita.

Mida el largo determinado de la cortina y agregue 15 cm (6") para el dobladillo inferior doble 7.5 cm (3") y de 2.5 a 12.5 cm (1" a 5") para el dobladillo de arriba, dependiendo del estilo de cinta o cortinero que vaya a utilizar. Agregue otros 5 cm (2") para un dobladillo superior doble en las telas transparentes.

Multiplique el largo por el número de anchos que necesita y divida entre 100 cm (36") para tener el número de metros (yardas) que necesita. Agregue 15 cm (6") al ancho terminado para saber cuánta cinta tiene que comprar para cada lienzo.

Para colgar los lienzos terminados, utilice ganchos de metal comunes para cortinas o ganchos especiales que se acomodan en los espacios tejidos en la parte superior de la cinta para plegar. Como opción, en los remates plegados o fruncidos, puede hacer una jareta para colgar la cortina o cenefa en un cortinero plano o en un bastón y suprimir los ganchos.

Los cabezales de cortinas y cenefas se hacen rápidamente con cintas deslizables. Para formar pliegues, tablones, plegados y fruncidos se requieren muy pocas medidas y costura.

Las abrazaderas que hagan juego con las cortinas con pliegues o frunces, se confeccionan fácilmente utilizando el mismo tipo de cinta que se haya escogido para el cabezal. Simplemente coloque la cinta por el revés de una tira de tela y jale los cordones para plegar o fruncir al tamaño deseado.

Cintas deslizables para remates de cortinas, tapicería y cenefas

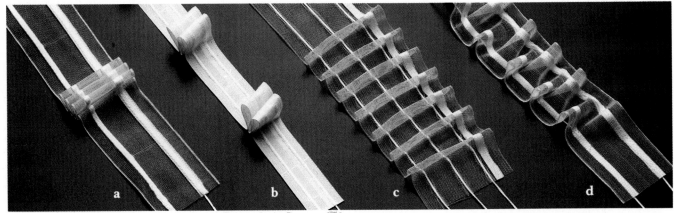

Los cordones deslizables y las presillas para ganchos se tejen en cintas para diferentes tipos de remates en cortinas, cenefas y tapicería. Utilice la cinta para plegar **(a)** en cabezales con pliegues suaves para tapicería corrediza en encajes, telas ligeras y telas transparentes. La cinta para dobleces **(b)** forma un remate con dos tablones, adecuado para ventanas pequeñas o tablones de 7.5 cm (3")
en guardapolvos y galerías. Las cintas que fruncen **(c)** permiten que los lienzos de la cortina se replieguen formando pliegues angostos, uniformemente espaciados. Las cintas de fruncido *smock* **(d)** se pliegan formando dobleces suaves alternados.

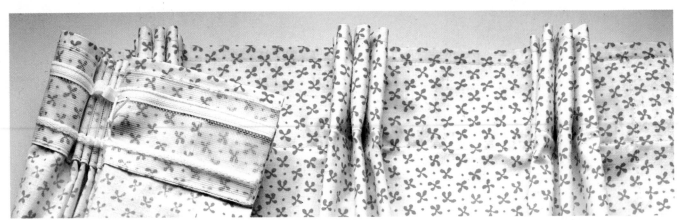

La cinta para plegar se utiliza en los pliegues tradicionales para ganchos que se cuelgan en cortineros planos o en barrotes decorativos con anillos. Para los cortineros decorativos o estilo café, planche hacia abajo 3.8 cm (1 1/2") de la orilla superior. Cosa la cinta a 1.3 cm (1/2") de la orilla. Para los cortineros planos, doble hacia abajo 2.5 cm (1") y cosa la cinta a 6 mm (1/4") de la orilla. Si las cortinas van a ser corredizas, acomode la cinta de modo que no se formen los pliegues en los extremos del lienzo. Deje también de 10 a 12.5 cm (4" a 5") al final de los lienzos para que se traslapen en el centro de la cortina.

La cinta para dobleces se utiliza para hacer un remate con dos pliegues o tablones. Debido a que queda muy compacto, este tipo de remate resulta adecuado para vehículos destinados a la recreación y en los botes, así como para ventanales residenciales. Cosa los lienzos y cuélguelos igual que las cortinas anteriores.

Los pliegues tableados también se hacen con cinta para dobleces. Cosa la cinta por el *derecho* de la tela a 1.3 cm (1/2'') de la orilla superior. Jale los cordones para formar los tablones. Por el lado derecho, alíselos y planche. Para obtener una galería con tablones, cosa la vista o forro debajo de la cinta, ya sea de tela de forro o de la misma tela. Voltee hacia abajo y engrape la galería a un armazón de madera o póngale ganchos para cortina y cuélgela en un cortinero plano. Si va a hacer un guardapolvo, cosa la manta al lienzo con tablones.

La cinta para fruncido *smock* forma pliegues suaves en una cortina que no se corre. Cuelgue los lienzos terminados en un barrote redondo o en uno decorativo con anillos o en un cortinero plano. Para colgar en una varilla plana, inserte un gancho metálico para cortina cada 7.5 cm (3''). También puede hacer los lienzos con jareta utilizando el método que se explicó en la página 115. Si desea una galería muy especial, puede ponerle dos hileras de cinta para fruncido *smock*.

La cinta para fruncir se utiliza para que los lienzos formen pliegues suaves a espacios regulares. Estos remates se utilizan para cortinas que no se van a deslizar, como cortinajes que llevan abrazaderas, cenefas o galerías. Cuelgue los lienzos ya terminados en un barrote decorativo con deslizadores o con argollas o en un cortinero plano. Los remates con fruncido *smock* y con el fruncido normal tienen de 2 1/2 a 3 veces el ancho de la ventana.

Cómo hacer un remate con cintas deslizables

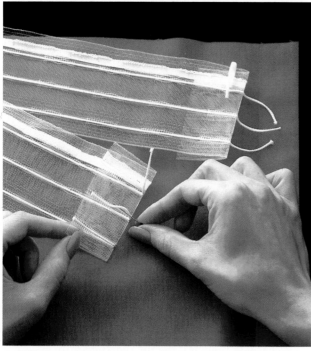

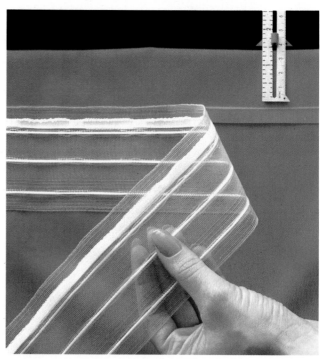

1) Corte la cinta al mismo ancho del lienzo dobladillado. Voltee hacia abajo 3.8 cm (1 1/2") de los extremos de la cinta y utilice un alfiler para sacar los cordones. El derecho de la cinta es el que tiene las presillas para los ganchos.

2) Voltee hacia abajo 5 cm (2") a lo largo de la parte superior del lienzo. Planche. Coloque la cinta con el derecho hacia arriba por el revés de la cortina a 3.8 cm (1 1/2") del doblez. Asegúrese que la orilla de la cinta con las presillas para los ganchos quede hacia la parte superior del lienzo. Cosa la orilla superior y la inferior de la cinta. No cosa los cordones.

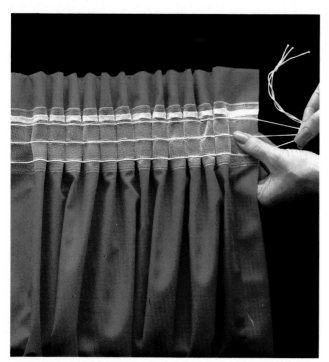

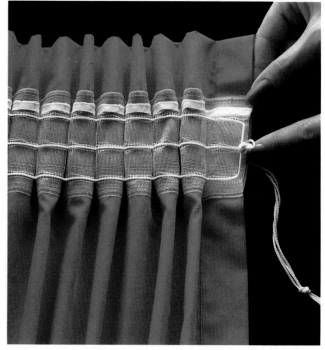

3) Asegure los cordones en ambos extremos de la cinta utilizando uno o dos nudos para evitar que se salgan. Jale los cordones por un extremo para plegar la tela lo más apretado posible; luego distribuya uniformemente los pliegues al ancho deseado, soltando si es necesario.

4) Ate los cordones con un nudo para asegurar los pliegues. Amarre el cordón sobrante en un medio lazo y ocúltelo detrás de la tela. Para lavar o limpiar el lienzo, desate los cordones y extienda la tela para que sea más fácil de manejar.

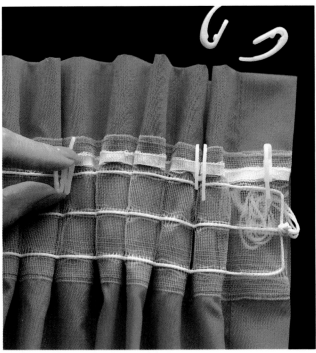

5) Inserte ganchillos especiales de dos dientes, para cortinas o tapicería en las presillas para éstos, espaciándolos 7.5 cm (3'') aproximadamente. Los ganchos especiales los hace el fabricante de la cinta.

6) Inserte los ganchos en las armellas de los anillos de madera o en los deslizadores de un cortinero decorativo. Si el cortinero es plano, ponga ganchos metálicos en las presillas de la cinta.

Cómo hacer un remate con cinta deslizable y jareta

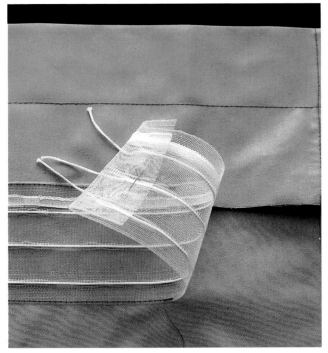

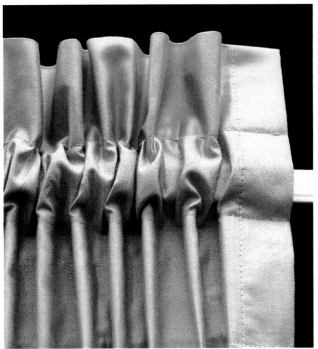

1) Haga la jareta y el remate dejando que la orilla cortada se extienda 13 cm (1/2'') más allá de la línea inferior de costura de la jareta. Prepare la cinta para plegar igual que en el paso 1. Coloque la orilla superior de la cinta en la línea de costura inferior para la jareta y cósala.

2) Forme el remate plegado como en los pasos 3 y 4. Meta la varilla en la jareta.

Decoración con encaje

Cenefas. Ponga un lienzo de encaje circular sobre un cortinero decorativo para hacer una cenefa rápida. Use un mantel redondo comprado o corte un círculo de encaje. No hace falta dobladillar.

Visillos con abrazadera. Cosa la jareta para el cortinero en el lienzo de encaje. Ate el moño o abrazadera alrededor del encaje. Para hacer un visillo "manga de obispo" use un lienzo de encaje que mida alrededor de 61 cm (24") más que la medida del cortinero al piso. Ponga una o dos abrazaderas y acomode el lienzo para lograr el efecto deseado. Deje que la orilla inferior caiga sobre el suelo.

Almohadones. Haga fundas para los almohadones atando fundas de encaje sobre almohadones de colores lisos para darles un nuevo aspecto. Corte las piezas de encaje del tamaño del almohadón agregando 1.3 cm (1/2") para las costuras. Cosa el cuadrado de encaje por tres lados y utilice listón para atar el cuarto lado.

Cojín cilíndrico. Corte un rectángulo de tela grande. Haga un ribete con overlock en las orillas o un dobladillo delgado. Envuelva una forma de hulespuma o un rollo de relleno para acolchar. Enrolle hacia adentro de la tela sobrante en cada extremo y fíjela. Amarre un listón o cordón alrededor de la tela enrollada.

Funda deslizable. Cosa con overlock una orilla de las dos secciones de la cubierta o haga un dobladillo angosto. Ponga juntos los lados del derecho y cosa los tres lados restantes con una costura de 1.3 cm (1/2"). Recorte las esquinas. Voltee el derecho hacia afuera. Cosa trabillas de listón en el lado abierto. Meta un cojín cubierto de tela y haga moños con las trabillas.

Manteles individuales y servilletas

Es posible confeccionar una gran variedad de manteles individuales y servilletas con telas que ahorran tiempo y técnicas de costura rápida, para ocasiones especiales y regalos. Para mantelería informal, utilice telas de tejido abierto, como el lino o telas rústicas y haga flecos en las orillas. Si desea un aspecto más formal, seleccione telas que tengan un tejido más fino y acabe las orillas con un ribete plano muy junto, zigzag o bordados decorativos a máquina en hilo contrastante. Las telas con tejidos a cuadros y con diseños geométricos resultan ideales para ahorrar tiempo porque se puede seguir un diseño o línea tejida para evitar el marcado.

Las orillas forradas de bies siempre son adecuadas en servilletas y manteles individuales, al igual que las orillas enrolladas o ribeteadas en la máquina de overlock. Si hace orillas con estos acabados, utilizando telas contrastantes, con facilidad tendrá manteles individuales y servilletas reversibles. Las dos capas de tela no sólo le proporcionan dos aspectos por el mismo tiempo de costura, sino que le dan mayor absorbencia. Si lo desea, agregue una capa de borra de poliéster delgada para acolchado entre las dos capas de tela de un mantel individual reversible.

Para ahorrar tiempo cuando ribetee las orillas, corte una tira continua de bies de largo suficiente para terminar varios artículos; un cuadrado de tela de 91.5 cm (36") le proporciona una tira continua de bies de aproximadamente 16.2 m (17 yardas) de largo y 5 cm (2") de ancho. Doble hacia abajo y planche las orillas cortadas con un aditamento para formar la cinta de bies.

Cómo hacer una tira de bies continua

1) Marque cada orilla transversal de un cuadrado de tela grande con *un* alfiler. Marque cada orilla longitudinal con *dos* alfileres.

2) Doble la tela diagonalmente a la mitad siguiendo el sesgo de la tela. Corte por la línea del doblez para dividir el cuadrado en dos triángulos.

3) Cosa las orillas a lo largo (dos alfileres) con una costura de 6 mm (1/4") poniendo los lados del derecho juntos. Deje que las puntas se extiendan 6 mm (1/4") para que las orillas se encuentren exactamente sobre la costura. Planche la costura abierta.

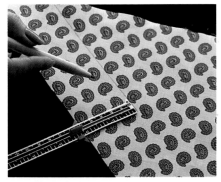

4) Marque la línea de corte para la tira de bies paralela a la orilla inclinada por el derecho de la tela. Esta orilla corresponde al verdadero sesgo de la tela.

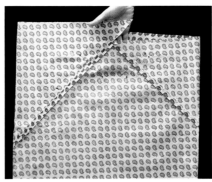

5) Prenda las orillas transversales juntas (las que tienen un alfiler) con una orilla que se extienda más que la otra, marcando el ancho de la tira de bies. Esto le da un tubo ligeramente torcido. Cosa y planche una costura de 6 mm (1/4")

6) Corte la tela por la línea marcada. Conforme corta, doble la parte de la tira cortada para usarla como guía de corte. Siga doblando la tira hacia atrás y cortando alrededor del tubo hasta el extremo.

Cómo utilizar el aditamento para hacer bies

1) Corte una tira de bies de acuerdo con el tamaño del instrumento que haya escogido. Corte una tira de 2.5 cm (1") de ancho para tener una cinta de 1.3 cm (1/2"); de 3.5 cm (1 3/8") para una cinta de 2 cm (3/4"); de 4.7 cm (1 7/8") de ancho para el formador de 2.5 cm (1"); o de 8.2 cm (3 1/4") de ancho para el aditamento de 5 cm (2").

2) Corte un extremo de la tira de bies para que termine en punta. Pase la punta por el canal en el extremo ancho del accesorio y jale la punta hacia afuera por el lado angosto. Meta un alfiler en la canalita para jalar la tela. Prenda la punta de la tira a la superficie de planchado.

3) Planche la tira de bies doblada conforme jala el accesorio a lo largo de la tira. Este accesorio dobla automáticamente las orillas cortadas hacia el centro para formar con rapidez una tira de bies uniforme.

Cómo ribetear con cinta un mantel individual ovalado

1) Planche a la mitad la cinta de bies para formar un ribete doblado por ambos lados de la tela. Planche la cinta en la forma curva para que se ajuste al mantel. Para impedir los frunces y quitar arrugas, estírela ligeramente conforme plancha.

2) Hilvane el mantel individual al forro, uniendo los lados del *revés* con pegamento. Ponga pequeños puntos de pegamento alrededor de la orilla del mantel por el lado derecho. Presione con los dedos una orilla del bies en su lugar. Hilvane la otra orilla al forro también con pegamento.

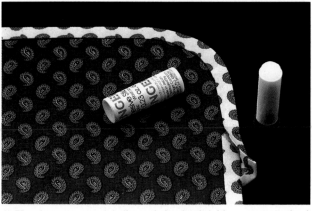

3) Una los extremos del ribete abriendo el doblez y recortando el sobrante. Doble la orilla cortada hacia adentro 6 mm (1/4"). Encime sobre el otro extremo del ribete y pegue ligeramente con la barra de adhesivo.

4) Cosa a lo largo de la orilla interior del ribete con pespunte recto o zigzag. El prensatelas *Even Feed* MR también se puede usar para evitar que las telas se muevan.

Servilletas o manteles individuales en poco tiempo en la máquina de overlock

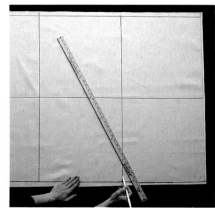

1) Marque las líneas de corte para las servilletas o manteles individuales al tamaño que las desee. Puede hacer seis servilletas cuadradas de 38 cm (15") de .95 m (1 yarda) de tela de 115 cm (45") de ancho.

2) Ajuste la máquina de overlock para una puntada angosta de 3 hilos o para una orilla enrollada. Cosa sobre las líneas de corte a lo largo de la tela. Después cosa sobre las líneas de corte transversales.

3) Ponga una gota de líquido para evitar el deshilachado en cada esquina. Después de que seque, recorte los hilos.

Cómo hacer manteles individuales o servilletas con flecos

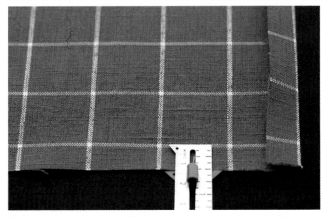

1) Corte los manteles individuales del tamaño deseado. Marque una línea de costura a 1.3 cm (1/2") de la orilla cortada para indicar el ancho del fleco o guíese por las líneas de los cuadros.

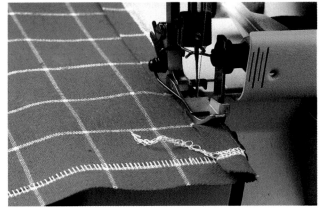

2) Doble un lado sobre la línea marcada. Ponga la máquina de overlock para pespunte plano y cosa por el doblez. No permita que las cuchillas corten el doblez. Abra el doblez y jale la tela para que la costura quede plana. Cosa los otros lados del mismo modo.

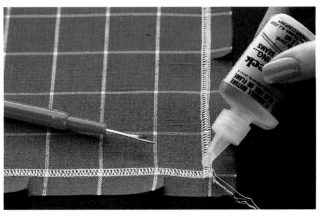

3) Selle las orillas en cada esquina con una gota de líquido para evitar el deshilachado. Utilice un cortador de costuras para quitar las puntadas en el área del fleco. Corte hasta las puntadas cada 7.5 cm (3"). Quite los hilos para hacer el fleco.

Otro método. En una máquina convencional, haga punto de satín o zigzag muy junto. Cosa sobre las líneas marcadas, dando vuelta en las esquinas. Corte hasta las puntadas cada 7.5 cm (3"). Quite los hilos para hacer el fleco.

Cómo hacer servilletas o manteles individuales reversibles

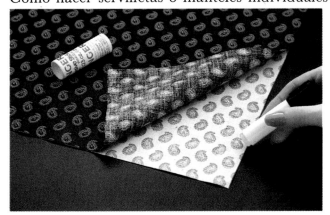

1) Corte la servilleta o mantel individual y el refuerzo contrastante del mismo tamaño. Póngalos uno sobre otro con los lados del *revés* juntos, de modo que las orillas coincidan. Utilice pegamento para mantener las orillas juntas.

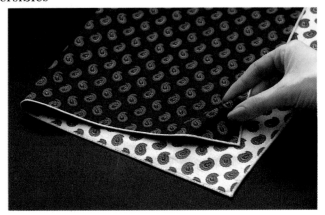

Ajuste la máquina de overlock para puntada de 3 hilos o para dobladillo enrollado. Si usa máquina convencional, puede usar puntada de satín o sobrehilado. Cosa todo el derredor, manejando ambas capas como si fueran una sola.

Ate los cojines del asiento de las sillas con moños.

Haga moños en las abrazaderas de las cortinas.

Use moños para destacar las carpetas de las mesas o las guirnaldas.

Lazos y moños

Una de las formas más fáciles de dar realce a un proyecto de decoración o dar un nuevo aspecto es con lazos o moños suaves. En la ventana, úselos para adornar las esquinas de las guirnaldas, formar capas abullonadas en cortinajes o visillos y atar cenefas en ondas plegadas para dar la apariencia de una guirnalda o una nube. Los remates o gallardetes de 40.5 a 51 cm (16" a 20") de largo dan un toque de lujo.

Además, los lazos o moños son una alternativa rápida para las abrazaderas de cortinas y visillos más elaborados. Para usarlos como abrazaderas en visillos con holanes, corte el lienzo junto al holán y selle las orillas cortadas con líquido para evitar que se deshilache la tela. Pase la abrazadera a través de la abertura para que el holán quede libre. Cosa un pequeño anillo de plástico al centro del lazo o amarre esa parte para usarlo como abrazadera. También puede utilizar los lazos o moños para decorar pantallas y fijar los cojines a las sillas.

Los moños más rápidos se pueden hacer a partir de un tubo continuo de tela. Córtelo en tramos del tamaño adecuado conforme los necesite. Para obtener mejores resultados, utilice tela ligera con un aderezo firme. Para dar rigidez a las telas sin cuerpo, póngales una entretela fusionable suave por el revés, antes de cortarlos y coserlos.

Cómo hacer un lazo o moño de una pieza

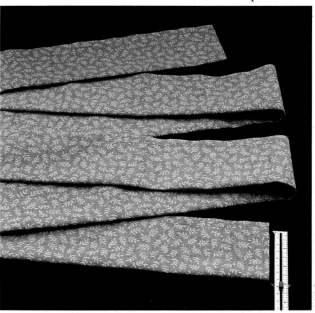

1) Corte tiras de 18 cm (7") de ancho para hacer lazos o moños de 7.5 cm (3") y de 23 cm (9") de ancho para lazos o moños de 10 cm (4") de ancho. Corte las tiras lo más largas posible, para que pueda sacar varios lazos o moños de cada tira. Doble la tira por la mitad a lo largo, poniendo juntos los lados del derecho de la tela. Haga una costura sobre la orilla larga. Voltee al derecho y planche.

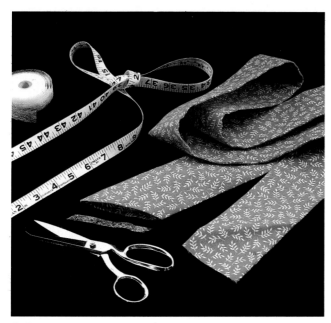

2) Corte la tira del tamaño del lazo o moño que desee. Determine el largo de cada uno atando la cinta métrica en un nudo o moño del tamaño deseado. Corte los extremos de su tela en ángulo. Doble las orillas hacia adentro del tubo y planche. Ponga entretela fusionable y planche o pegue las aberturas para cerrarlas.

3) Fije el centro de la tira para el lazo o moño a los cojines de los asientos y amarre. Para abrazaderas o guirnaldas, haga el moño antes de coserlo.

Índice